Skrift og historie hos Orderik Vitalis

*Pernille Hermann*

# SKRIFT OG HISTORIE HOS ORDERIK VITALIS

Historiografi som udtryk for 1100-tallets renæssance i normannisk og nordisk skriftkultur

MUSEUM TUSCULANUMS FORLAG
Københavns Universitet
2002

© 2002, Museum Tusculanums Forlag
Tilsyn: Flemming Lundgreen-Nielsen
Omslag: Veronique van der Neut
Sats: Ole Klitgaard
Sat med Bembo
Trykt hos AKA Print, Århus

ISBN 87 7289 780 5


Omslagsillustration:
Udsnit af Codex Audomariensis, Saint-Omer MS 716, fol. 60,
højre kolonne: Første afsnit af Ælnoths tilegnelse til kong Niels.
Bibliothèque Municipale et Archives, Saint-Omer.
© Régis COISNE


Udgivet med støtte fra
Letterstedtska Föreningen / Nordisk Tidskrift
Landsdommer V. Gieses Legat
Nordea Danmark Fonden


Museum Tusculanums Forlag
Njalsgade 92
DK-2300 København S
www.mtp.dk

# INDHOLD

**INDLEDNING** 7

**1. DEL**
**FORM OG INDHOLD, VÆRK OG VIRKELIGHED** 13
Præsentation af Orderik 13
Indre struktur 13
Strukturprincipper 15
Opbygning 17
Centrum og periferi 20
Værk og virkelighed 21
Topikken i prologer og epiloger 22

**2. DEL**
**FORTID OG FORANDRING** 28
HISTORIESKRIVNING 28
Orderiks opfattelse af samtiden 28
Sandheden og historien 31
FORTIDENS DOBBELTE SKIKKELSE 33
St. Evrouls grundlæggelse 33
Hagiografi og historiografi 37
Evroul-hagiografiens funktion 38
Den anden grundlæggelse 39
Intermedium 41
Normandiets opståen 42
Normannernes genealogi 44
Antikken 45
Oprindelsen 47
Nationalstatens opståen 50

## 3. DEL
## SKRIFTEN OG SKRIFTLIGGØRELSE 54

SKRIFTEN INDEN FOR KLOSTRET 54
   Skriften som frelsesvej 54
   Tekst og tekstforståelse 58
   Historiografi og liturgi 63
   Orderiks studium 65
   Intermedium 68
SKRIFTEN UDEN FOR KLOSTRET 69
   Gavebreve 69
   Guds lov 72
   Pilgrimsfærd 76
   Korstog 78

## 4. DEL
## FORTID OG HISTORIE, SPROG OG SKRIFT 85

HISTORIESKRIVNINGENS METAMORFOSE 85
   Den sekulære fortid 85
   Jord og magt 87
   Den universelle frelseshistories sidste krampetrækninger 90
   Intermedium: Orderiks udlægning 92
FRA MUNDTLIGHED TIL SKRIFTLIGHED 95
   Antikken og 1100-tallet 95
   Sprog og skrift 96
   Platon og Aristoteles 97
   Reaktioner på skriften i græsk, jødisk og kristen antik 100
   Tilbagevenden til det mundtlige samfund 102
   1100-tallets vægtforskydning fra verden til sprog 105
DET GRÆNSELØSE RUM 108

**AFSLUTNING** 111
**LITTERATURFORTEGNELSE** 117

# INDLEDNING

Det er vanskeligt at afgøre præcis, hvornår overgangen fra et mundtligt til et skriftligt samfund finder sted. I middelalderen sker en gradvis fortrængning af de mundtlige traditioner, der hidtil har båret samfundet. Det er i løbet af denne periode, at skriftens eneherredømme bliver grundlagt. Distancen giver os et overblik, der gør det muligt at udpege bestemte perioder, hvor der sker markante ryk frem mod dét, der ender med de skriftlige vidnesbyrds sejr over de mundtlige overleveringer. 1100-tallet skal her fremhæves som et tidsrum, hvor skriften giver de mundtlige traditioner et banesår.

I 1100-tallet sker omfattende ændringer i Europa: Lenssamfundet ændrer karakter. Byerne vokser sig større og danner grundlaget for en ny samfundsklasse, nemlig borgerskabet. Der er en tiltagende handelsvirksomhed, hvilket giver mulighed for udveksling både mellem mennesker og mellem områder. Efter Karolingerrigets opløsning kontrollerer lægfolket kirkevæsenet, men nu manifesterer pavedømmet sig som en magtfuld institution. Det første korstog giver kendskab til andre folkeslag og ikke mindst til nationer udenfor Europa. Kort sagt: Menneskets omgivelser forandrer sig. Den øgede handel og det første korstog medfører en bevægelighed, der gør verden mere dynamisk. Verden bliver større, og der sker et skift fra at opfatte verden i lokale til at opfatte verden i universale kategorier.

C. H. Haskins taler som en af de første om *1100-tallets renæssance*. Med denne betegnelse polemiserer Haskins mod den traditionelle opfattelse, at middelalderen er en mørk tidsalder. Han opfatter ikke middelalder som en forvrængning af antikken, altså som et skældsord. Hans betegnelse dækker primært de kulturelle forandringer, der finder sted i 1100-tallet, og som er et resultat af, at Cordoba og Konstantinopel, de kulturelle højborge, spreder deres indflydelse til det centrale og nordlige Europa. Samtidig udvides undervisningssystemet, og de katedralskoler, der opstår i byerne, gør det muligt at uddanne sig uden for klostrene.

Det historiske, det sociale, det kirkelige og det kulturelle niveau er med til at forme en verdensanskuelse. På alle disse niveauer får skriften en særlig betydning, og den litterære udvikling medvirker i høj grad til udviklingen af en bestemt verdensanskuelse. 1100-tallets litteratur afslører en begyndende nytænkning og kimen til en ny måde at opfatte verden på. I skolastikken tager tænkningen nye former. Fra nu af giver det for eksempel mening at tale om kirken og historien som to adskilte størrelser. Ikke blot om kirkehistorien som en enhed. 1100-tallet er kendetegnet ved splittelse og løsrivelse: Forudsætningen for, at skriften får en stadig større betydning, er, at den løsrives fra Bibelen. Ydermere adskilles mennesket ved skriftens mellemkomst fra verden. Den verdensanskuelse, som bliver til i 1100-tallet, medfører en ny gudsforståelse, der i højere grad adskiller Gud og verden.

1100-tallets litteratur afslører en fornyet interesse for den antikke arv. Den græske tænkning og naturvidenskab samt de latinske klassikere oplever en renæssance. Det fornyede kendskab til antikken optræder samtidig med en kulturstrømning, der går tilbage til grundlæggelsestiden. I den forbindelse kommer fortiden til at spille en central rolle. Bevidstgørelsen om antikken medfører tilsyneladende et ønske i samtiden om at måle sig med antikken.

Historieskrivningen er en af de litterære former, der bedst kan give et billede af 1100-tallets ændringer og nytænkning, og med udgangspunkt i et historieværk kan det demonstreres, hvordan skriften har betydning for udformningen af en verdensanskuelse. Historieskrivningen hænger nøje sammen med skriftens tiltagende betydning, da det netop er skriften, der gør det muligt at konkretisere fortiden.

Normandiet er et arnested for de forandringer, der finder sted i Europa. Dette område forener det historiske, det sociale, det kirkelige og det kulturelle niveau. Normandiet præger aktivt sine omgivelser og bliver i den forstand en bærer af forandringerne. Fordi Normandiet er placeret i begivenhedernes brændpunkt ved siden af det tysk-romerske rige og i det nordlige Europa, bliver området også præget af de nye strømninger. Det kan demonstreres i en konkret analyse af dele af et historieværk, der er blevet til i det normanniske rum, Orderik Vitalis' *Historia ecclesiastica*.

Normandiet og Norden tilhører på denne tid samme kulturkreds, og temaer fra Orderiks historieværk genfindes spredt i flere nordiske historieværker. Normandiet bliver altså fremhævet som arnested og *Historia ecclesiastica* som et litterært udtryk for tiden i vished om, at dette kulturområde og dette værk ikke er uden relevans for den samtidige nordiske kultur og litteratur. *Historia ecclesiastica* har ydermere den fordel i forhold til de nordiske historieværker, at det er et forholdsvis tidligt udtryk for nytænkningen.

Som sagt er skriftens fremkomst ikke en pludselig hændelse. Derimod er dens stigende betydning i samfundet en proces. Den mundtlige overlevering og de skriftlige vidnesbyrd står side om side, hver med deres berettigelse. Derfor er det vanskeligt at definere skellet mellem de to udtryksformer. Ved middelalderens slutning er skriften dominerende som bærer af samfundet. Alligevel bevarer den mundtlige udtryksform en – om end ny – betydning. De skriftliggjorte samfund udvisker ikke denne udtryksform. Det viser sig ved, at forholdet mellem skriftlighed og mundtlighed er et tema, der – litteraturhistorisk set – dukker op igen og igen. I romantikken drømmer mennesket sig tilbage til en tid, hvor verden var organisk sammenhængende. Det resulterer i indsamlingen af middelalderminder. I et forsøg på at bevare dét, der oprindeligt er mundtligt overleveret, indsamles og nedskrives middelalderens folkeviser. Den romantiske forestilling om middelalderens ædle riddere og skønne møer antager mytiske træk, hvilket nærmere er et resultat af samtidens (romantikkens) længsel efter undergørende virksomhed, end det er en reel perception af fortiden. For Grundtvig er det talte ord efterstræbelsesværdigt. I modsætning til den viden, man får i den sorte skole, formår det talte ord at give visdommen en menneskelig skikkelse. Der er altså en stor tiltro til den mundtlige udtryksform. I dag ser vi, at litteraturen opstiller en mening for i samme nu at demontere selv samme, og dekonstruktionen vidner om, at skriften kommer til kort som menneskelig udtryksform. Det uafgjorte forhold mellem skrift og tale er således et tilbagevendende tema.

Denne fremstilling falder i fire dele. Første del er en præsentation af Orderiks historieværk i dets helhed og fremhæver de formelle og indholdsmæssige træk, der er karakteristiske for værket. Disse generelle betragtninger danner udgangspunkt for de efterfølgende overvejelser. I anden del følger en konkret analyse af en hagiografi, som den tager sig ud i Orderiks udformning, og af hans beskrivelse af Normandiets grundlæggelse. Det centrale bliver opfattelsen af fortiden, dels i forhold til hændelser i samtiden, dels i forhold til en traditionel kristen historieopfattelse. Tredje dels overordnede tema er skriftens betydning i middelalderen i almindelighed og i 1100-tallet i særdeleshed, illustreret ved udvalgte steder i Orderiks historieværk. Forskelle og ligheder i munkes og lægfolks forhold til skriften er centralt i denne sammenhæng.

Første del kaster altså lys over det omfattende materiale, nemlig Orderiks historieværk, mens anden og tredje del er specifikke undersøgelser af to temaer, fortiden og skriften. I fjerde del afrundes de første betragtninger om skriften og fortiden, som i al væsentligt har været værkspecifikke. Det gør denne del til et konkluderende afsnit. Men samtidig åbnes for et nyt aspekt, idet antikken bliver inddraget som 1100-tallets sammenligningsgrundlag. Dermed skitseres, hvordan henholdsvis Platon og Aristoteles og den tidlige kristendom forholder sig til skriften. Hvilke mekanismer sætter det i gang, når et samfund underlægges skriften? Hvordan forholder mennesket sig til sproget? Hvordan forholder verden og sproget sig til hinanden?

I fremstillingen er henvisninger til andre Orderik-forskere sparsomme. Den litteratur, der specifikt omhandler *Historia ecclesiastica*, er skrevet af historikere (de mest fyldestgørende undersøgelser er Majorie Chibnalls og Hans Wolters). Deres udmærkede værker har været en god hjælp i de allerførste overvejelser over Orderiks værk. Men da ærendet her adskiller sig fra historikernes, det er analytisk-fortolkende, ikke kildekritisk, forpligter fremstillingen sig ikke på deres resultater. *Skrift og historie hos Orderik Vitalis* blev oprindelig skrevet fra februar 1997 til november 1997 og afleveret som hovedfagsspeciale ved Institut for Nordisk Sprog og Litteratur, Aarhus Universitet. Der er kun foretaget mindre ændringer, og fremstillingen er stort set som dengang. Ole Bruhn, som døde alt for tidligt samme november, læste og gav kritik, mens arbejdet stod på. Ud over den litteratur, der er optegnet i litteraturfortegnelsen, er fremstillingen mest af alt inspireret af dialog og diskussion med ham. Han gav gavmildt ideer og viden om middelalderens skriftkultur fra sig, og han var lydhør og bakkede op om mine ideer, som hermed formidles.

# 1. DEL
# FORM OG INDHOLD, VÆRK OG VIRKELIGHED

*Præsentation af Orderik*
Den danske oversættelse af *Historia ecclesiastica* bærer titlen *Historiske beretninger om Normanner og Angelsaxere fra Orderik Vitals kirkehistorie* (herefter *Normanner og angelsaxere*). Så allerførst: Hvem er egentlig denne Orderik? Han bliver født i England i 1075 og dør i Normandiet i 1142. Han er søn af en fransk far og (sandsynligvis) en engelsk mor. Som 10-årig sender Orderiks far sin søn til Normandiet. En religiøs impuls tilskynder ham at skænke sin søn til klostret St. Evroul.[1] Her lever Orderik resten af sit liv. At dømme efter hvor og i hvilke sammenhænge Orderiks håndskrift optræder, var hans primære opgave at holde opsyn med klostrets *scriptorium*. Han er klostrets bibliotekar.[2] Udover en omfattende kopivirksomhed (igen at dømme ud fra hans håndskrift) efterlader Orderik sig flere selvstændige skriftlige arbejder, for eksempel epitafer og helgenbeskrivelser. Affattelsen af *Historia ecclesiastica* må dog betragtes som hans livsværk. Han påbegynder værket i 1123 og afslutter det umiddelbart før sin død i 1141.[3] Værkets øjeblikkelige indflydelse har været begrænset. Måske er det på grund af dets omfattende omfang, at værket først bliver kopieret i sin helhed i begyndelsen af 1500-tallet.[4]

*Indre struktur*
Når man skræller ind til benet af *Normanner og angelsaxere*, viser der sig en indre struktur bestående af tre horisontale linier. En

---

[1] Orderik giver gavmildt oplysninger om sin personlige historie. Vital, 1889, bind 1 s. 262; bind 3 s. 452-455 o.a.
[2] Chibnall, 1984, s. 33.
[3] Wolter, 1955, s. 65-71.
[4] Chibnall, 1980 vol. 1 s. 113-115.

monastisk, nemlig beretningen om St. Evroul, en verdslig, beretningen om Normandiet, og en gejstlig linie, som er kirkens historie. Hver linie trækker flere aspekter med sig. Beretningen om St. Evroul udvider sig til også at indbefatte hagiografien om Evroul, klostrets opståen, de øvrige klostre i Normandiet, beretninger om de abbeder, der er tilknyttet klostrene etc. Beretningen om Normandiet bliver gradvis til beretningerne om England, Apulien, konger og hertuger etc. Beretningen om kirken bliver beretningerne om biskopper, paver, reformer etc. På denne måde kan lag efter lag lægges til de tre linier, indtil værket fyldes op og fremstår, som det ser ud efter den første gennemlæsning: Et sammensurium af beretninger uden nogen tydelig sammenhæng. Essensen af de utallige beretninger kan dog, når lagene skrælles bort, reduceres til disse tre linier, der føres igennem hele værket.

Ud over den horisontale tre-linie-struktur er der i begyndelsen og slutningen af de fleste bøger nogle indledende og afsluttende bemærkninger, der fungerer som prologer og epiloger. De har enten et historie-teologisk indhold eller er Orderiks kommentarer om sin egen tilstand. Fordi de skaber midlertidige brud eller afbræk i de gennemgående linier, kan de kaldes vertikale afsnit. Bortset fra ottende og tolvte bog er alle bøgerne sat i forbindelse med enten en prolog eller en epilog, eller med begge dele. Det er i særdeleshed i prologerne, at historie-teologien udtrykkes. Epilogerne er ofte direkte læserhenvendelser, hvor Orderik opsummerer det foregående og redegør for sit formål med næste bog. Længden på de enkelte bøgers prologer og epiloger varierer. For eksempel er prologen og epilogen, der åbner og lukker ellevte bog, ganske kort. Her bliver det historie-teologiske aspekt udtrykt ved et indledende kvad og et afsluttende amen.

## Strukturprincipper

De horisontale linier og de vertikale afsnit er bestemt af værkets indhold, det vil sige, de er tvunget frem af værkets indre struktur. Derudover er der lagt en ydre form ned over værket, en form som er bestemt af Orderik.

Det bærende strukturprincip i værket er annalistisk. Der er dog ikke tale om en rigid opremsning af en årrække. Det annalistiske princip fungerer snarere som en overordnet retningsgiver og orienteringslinie, som Orderik hele tiden kan vende tilbage til. Det er ikke kronologien i sig selv, men begivenhederne, der hæftes på denne, der er essentielle. Orderik beskriver et antal hændelser, der kan variere i indhold, men som er forbundet ved dét faktum, at de er samtidige. Udtryk som »Medens dette gik for sig,...« og »På samme tid...«[5] viser, at der hele tiden er flere lag i hans beretning. Vendingerne markerer, at der finder et sporskifte sted mellem de horisontale linier, det vil sige mellem de sideløbende beretninger.

En decideret annalistik eller en stringent fremadskridende kronologi umuliggøres af Orderiks utallige episodiske tilbageblik. Ofte gør Orderik opmærksom på, at han enten forlader eller vender tilbage til orienteringslinien. Med hans egne ord: »Nu vender jeg tilbage til mit påbegyndte æmne...«[6] (underforstået beskrivelsen af sin samtid). Værket drives således frem af en stadig vekslen mellem kurs (orienteringslinien) og ekskurs (afstikkere fra denne). Nogle af ekskurserne unddrager sig det annalistiske princip. Disse historiske ekskurser kan være beskrivelsen af et klosters historie, udredninger af genealogiske sammenhænge e.l. Andre ekskurser er beskrivelser af hændelser, der ikke har nogen umiddelbar forbindelse til Orderiks øjeblikkelige ærende. For eksempel beretninger om korstoget. Ydermere er der metafysiske ekskurser, nemlig mirakelhistorier, visioner og

---

[5]Vital, 1889, bind 1 s. 118, 507 o.a.
[6]Vital, 1889, bind 1 s. 307 o.a.

underberetninger. Orderiks historieværk er altså mere end annalistik, fordi han underkaster begivenhederne både en synkron og diakron betragtningsmåde.

Sideløbende med det annalistiske princip arbejder Orderik tematisk. Der er stor forskel på indholdet i værkets bøger, men fælles for bøgerne er, at de hver har et tema, der udgør bogens centrum. Det altdominerende tema i niende bog er det første korstog. Korstoget ses dog ikke som en isoleret hændelse, som noget, der udelukkende sker i en bestemt periode og på et bestemt sted. Korstoget har konsekvenser, hvilket bliver tiende bogs tema. For hvad skal der blive af Normandiet, når de herskende lægmænd drager på korstog? En anden metode, Orderik benytter i forsøget på at ordne sit materiale, kan eksemplificeres med ottende bog. Her er temaet ikke en enkelt begivenhed, men flere hændelser, der alle illustrerer opløsningstendenser i tiden. Normandiet hærges af røverpak, dyderne er i forfald både blandt lægfolk og biskopper: Stort set alle beretninger i denne bog indeholder et forfaldsmotiv. Mange af de ekskurser, Orderik foretager i forhold til orienteringslinien, er et resultat af, at han arbejder tematisk. Mens visse ekskurser kan virke som grebet ud af luften, tjener andre til at illustrere eller uddybe et tema. Dette gælder i særdeleshed de metafysiske ekskurser. For eksempel underbygger beretningen om Vauquelins vision forfaldstemaet i ottende bog.[7]

Fordi Orderik bestræber sig på at samle beretninger om samme tema i blokke, består værkets forløb af en række mindre sekvenser. Den enkelte hændelse optræder ikke løsrevet fra en større sammenhæng, men sættes i forhold til andre hændelser, blandt andet ved at Orderik ser konsekvenser. Denne sammenkædning af hændelser står i modsætning til annalistikken, der ikke tager hensyn til tingenes sammenhæng, men som vægter selve tidsligheden. At han arbejder tematisk vanskeliggør natur-

---

[7]Vital, 1889, bind 2 s. 102 ff.

ligvis en streng kronologi, men forhindrer dog ikke, at Orderik kan benytte et annalistisk strukturprincip.

*Opbygning*
*Historia ecclesiastica* består af i alt tretten bøger. Først nogle kommentarer til det samlede værk.

I første og anden bog beretter Orderik ved hjælp af skriftlige kilder om kirkens historie fra Kristi fødsel. Han giver en kronologisk skitse af den romerske kejserrække og beskriver apostlenes og pavernes liv. Hans beskrivelser slutter ved pave Innocent den Anden. Bøgerne er således et universalhistorisk *view* over den periode, der løber fra kirkens oprindelse til år ca. 1140. Første og anden bog adskiller sig fra de efterfølgende bøger dels ved deres indhold, dels ved at Orderik her udelukkende arbejder med skriftlige kilder. Størstedelen af de øvrige elleve bøger er derimod samtidshistorie, og her arbejder Orderik både med skriftlige og mundtlige kilder. Man kan derfor dele værket op i to dele og argumentere for, at første og anden bog udgør et selvstændigt værk i forhold til de øvrige bøger. Hvor kronologien i første og anden bog er stringent, har den i de efterfølgende bøger fået en anden udformning, den bliver et struktureringsprincip, der angiver kursen for en række episoder, der forbindes indholdsmæssigt eller tematisk.

Det er i særdeleshed i forhold til de to første bøger, at Orderiks titel *Historia ecclesiastica* giver mening. P. Kierkegaard har i sin danske oversættelse ikke medtaget første og anden bog.[8] Idet disse vælges fra, kan titlen uden at miste forbindelsen til værkets indhold, ændres. Den fulde titel til P. Kierkegaards oversættelse er: *Historiske beretninger om Normanner og Angelsaxsere fra Orderik Vitals kirkehistorie.*[9] Titlen kan således ændres fra at

---
[8] Se Chibnalls fyldige gengivelse af bøgerne. Chibnall, 1980, vol. 1 s. 134-200.
[9] Det er altså ikke en fuldstændig oversættelse, der foreligger på dansk. Bortset fra første og anden bog er der kun få steder skåret større afsnit væk. P. Kierkegaard gør i sine noter opmærksom på, hvornår han i øvrigt fravælger ord, passager eller

henvise specifikt til kirken til at lægge vægt på Normandiet, uden det virker påfaldende. Der er derfor tale om to overordnede temaer i værket: dels kirken (udtrykt ved Orderiks titel), dels Normandiet (udtrykt ved P. Kierkegaards titel). Som vi kan se, svarer det til to af de tre linier, der danner værkets indre struktur, nemlig den gejstlige og den verdslige.

Første og anden bogs indhold – den kristne kirkes begyndelse og videre udvikling – kan betragtes som en overordnet ramme, der anslår værkets emne: Tiden efter Kristi fødsel, det vil sige kirkens historie. Men hvor stor en rolle spiller Normandiet i denne sammenhæng? Sammenhængen mellem Orderiks valg af titel og værkets indhold viser, at han betragter normannerne som et uomgængeligt led i kirkens historie. Ikke kun titlen, men også de to første bøger korresponderer med værkets indre struktur. Den kronologiske skitse, der opregner paverækken i anden bog, forbindes til den gejstlige linie, der fortsættes i de følgende bøger. Mens paverækken er med i samtlige bøger, bliver kejserrækkefølgen derimod sekundær: Fra og med tredje bog bliver beretningerne om de normanniske hertuger væsentligere end beretningerne om kejserne. Det vil sige, at den gejstlige linie fortsættes, mens den verdslige linie, der påbegyndes i første bog, ændres. I første bog er den verdslige linie et udtryk for *imperiumtanken*, hvorimod den efterfølgende udtrykker en national forestilling.

Flere steder i *Normanner og angelsaxere* afsløres, at Orderik ikke har skrevet de enkelte bøger i den rækkefølge, de står at læse.[10] Det er uoverensstemmelser i nummerering samt bestemte prologers indhold, der viser, at Orderik undervejs i udfærdigelsen af sit værk har foretaget et redigeringsarbejde. Første og anden bog er tilsyneladende et tillæg, der er skrevet senere end de øvrige bøger. At første og anden bog er sat foran værket til sidst,

---

afsnit. For eksempel er han konsekvent ved ikke at medtage epitafer.
[10] Vital, 1889, bind 1 s. 262, 452, 453; bind 2 s. 190, 191, 347, 350, 501.

understreger yderligere, at de fungerer som en ramme, der indsætter resten af værket i en større sammenhæng. Mere konkret betyder det, at der skabes en forbindelse mellem kirken og Normandiet.

Hertil kan tilføjes, at der heller ikke er garanti for, at de enkelte prologer og epiloger er skrevet sammen med de bøger, de optræder i. Efter alt at dømme er epilogen til trettende bog sat ind til allersidst sammen med første og anden bog.[11] Prologen til tredje bog udgør et selvstændigt afsnit i forhold til resten af bogen. Den fremstår som en reel prolog, hvorimod de øvrige prologer er indeholdt i bogens første kapitel. Dette hænger formodentlig sammen med, at tredje bog – inden Orderik begyndte sit redigeringsarbejde – var det oprindelige værks første bog.

Orderik henter sit materiale både i den sekulære og den gejstlige omverden. Beretninger om normannernes erobringer og herremændenes territorialkampe står side om side med beskrivelser af hellige mænd, munkeklostre og kirkereformer. Det er altså to forskellige sfærer, der forbindes i Orderiks værk. De to sfærer knyttes imidlertid sammen af et billede, der er gennemgående i hele værket, nemlig lignelsen om arbejderne i vingården (Esajas' bog, kap. 5; Markusevangeliet, kap. 12). Lignelsen optræder både i første bog (dvs. i værkets begyndelse), i tredje bog og i trettende bog (værkets slutning). Ud over at lignelsen åbner og lukker værket, kommer det flere steder til udtryk, at Orderik selv betragter sig som en arbejder på herrens ager. Ifølge Orderik er Gud vingårdsejer, og kirken er hans vingård. Kristus er vinstokken, og de sande kristne er aflæggere herfra. Hvis lægfolket er gode kristne, må disse nødvendigvis medtages i værket. Selv om Orderik erkender normannernes voldsomhed, betragter han dem dog som sande kristne. Det kommer dels til udtryk gennem beskrivelserne af kongerne (i særdeleshed Vilhelm Erobreren og Henrik). Dels viser de

---

[11] Vital, 1889, bind 1 s. 452.

normanniske korsfarere stor iver efter at kæmpe i Guds navn. Således bliver normannerne, lægfolk som gejstlige, bærere af kirken: Det er dem, der spreder aflæggere fra vingården.

## Centrum og periferi

Den gejstlige og den verdslige linie har central betydning i værket. Men hvad blev der af den tredje linie, beretningen om St. Evroul? Som det kommer til udtryk i prologen til første bog, får Orderik stillet den opgave at skrive sit klosters historie. Det er derfor naturligt, at beretningen om St. Evroul udgør den tredje grundlæggende linie. Både fordi det i første omgang er beretningen om klostret, der er anledning til affattelsen af værket, men også fordi det er i St. Evroul, Orderik rent fysisk befinder sig: Det er herfra, hans blik retter sig mod omverdenen. St. Evroul udgør værkets naturlige centrum.

I beretningen om St. Evroul kommer Orderik uundgåeligt ind på de slægter, der har med klostrets grundlæggelse og opretholdelse at gøre. Lægmændene har forbindelse til de erobrede områder i Apulien, hvilket forstørrer det lokale perspektiv. Han fjerner sig gradvis fra en lukket beskrivelse af sit kloster (den gejstlige sfære) til en mere rummelig beskrivelse af normanniske slægters færden (den verdslige sfære). Dette afspejles også ved, at klostret er det dominerende emne i de første bøger, mens det verdslige fylder mest i de sidste bøger. Også prologerne og epilogerne bliver færre. Fra det faste centrum i klostret udvider værket sig til at omfatte flere regioner (Normandiet, England, Apulien etc.). Der er således en stadig vekslen mellem centrum (St. Evroul) og periferi (omverdenen).

Fra og med tredje bog, med udgangspunkt i St. Evrouls grundlæggelse, breder værket sig til også at indeholde en nations historie. Den monastiske linie er en klosterhistorie og en lokalhistorie. Den verdslige linie bliver en nationalhistorie. Første og anden bog, der starter den gejstlige linie, giver yderligere et perspektiv, nemlig et universalhistorisk. Den universalhistoriske ramme samler således alt det, der udgør den kristne kirke: nationalhistorierne (den normanniske, den franske og den engelske) og – ikke at forglemme – lokalhistorien om St. Evroul.

*Værk og virkelighed*
Ud fra de foregående overvejelser bliver det klart, at den monastiske linie, beretningen om St. Evroul, er værkets *aksis mundi*. Orderiks værk breder sig som ringe i vandet, og det tyder på, at han, jo dybere han kommer ind i sin beretning, indser at normannerne har vidtrækkende betydning. Derfor breder Orderiks historieværk sig i koncentriske cirkler, på samme måde som normannerne ekspanderer i den faktiske virkelighed. Orderik bliver vidne til en nations opståen og tvinges derfor til at sprænge den snævre horisont, der var værkets egentlige udgangspunkt.

Men hvilken af de øvrige linier lægges der mest vægt på? Der er på sin vis en kamp om hovedrollen, hvilket afspejler den historiske virkelighed, også her – uden for værket – er der en kamp mellem *imperium* og *sacerdotium*. Her så vi dog, at det i værket er Normandiet, der er centralt, og ikke det tysk-romerske kejserrige. Det universalhistoriske realiseres i grunden inden for en begrænset horisont. Orderiks synsfelt er fra første færd bestemt af hans fysiske placering, og at Normandiet bliver vigtig i en større sammenhæng, er et resultat af dette perspektiv. En tysk historieskriver ville sandsynligvis lægge vægt på andre ting end Orderik.[12] Prologerne og epilogerne understreger til stadighed et historie-teologisk aspekt. Fordi de teologiske overvejelser og motiver uophørligt samles i sådanne blokke, trænges det verdslige gang på gang i baggrunden. Det vil sige, at selv om det verdslige liv fylder meget mellem prologer og epiloger, udspilles det hele tiden inden for en teologisk ramme.

---

[12]Jf. den samtidige Otto fra Freising, der har en tysk synsvinkel. Om Otto af Freising se Spörl, 1935, s. 32-50.

Spørgsmålet om, hvilken linie der dominerer værket, er egentlig kun af analytisk interesse. Værket selv udtrykker et helhedssyn: De begivenheder, der finder sted inden for værket, er i sidste ende et udtryk for Guds vilje. Helhedssynet kommer til udtryk i beretningen om det første korstog. Hele niende bog omhandler det første korstog. Denne bog kan ud fra den centrale placering i værket betragtes som et klimaks. I korstoget samles delene. Med normanniske hertuger i spidsen og pavens opbakning i ryggen drager store skarer ud for at kæmpe i Guds navn. Her smelter normannernes krigersind sammen med kristenhedens formål: at manifestere sig som en universel religion. Hele operationen lykkes til syvende og sidst, alene fordi hele hærskaren ledes af Gud. Det er ikke kejserdømmet, *imperium*, men Normandiet, nationalstaten, der i fællesskab med kirken udfører opgaven. Her bliver det tydeligt, at Orderik betragter Normandiet som et vigtigt led i kirkens historie.

*Topikken i prologer og epiloger*
Vi har set, at den faktiske virkelighed samt Orderiks fysiske placering er medbestemmende for både værkets indhold (tre-liniestrukturen) og dets form (udvidelsen i koncentriske cirkler). Nu kommer vi til den anden del af værket, nemlig de vertikale afsnit. Der er nuanceforskelle de enkelte prologer imellem, men alligevel bliver de i denne sammenhæng behandlet som en enhed.

At skrive *Normanner og angelsaxere* er et stykke arbejde, Orderik er blevet overdraget af sine foresatte (Vital bd. 1 s. 12). Han påtager sig dristigt dette arbejde, som ingen andre vil udføre. Orderik appellerer til, at abbeden vil korrigere de fejl, han på grund af sin uvidenhed risikerer at gøre sig skyldig i (ibid. s. 264). Han påtager sig dette stykke arbejde, selvom andre er som gøende hunde, der med deres bidske hundetand gør det vanskeligt at gennemføre opgaven (ibid. s. 335). Det er ikke de eneste forhindringer, Orderik møder i bestræbelserne på at udføre opgaven. Mangel på skriftlige overleveringer og hans fingre, der bliver stive af vinterkulden, vanskeliggør hans arbejde (ibid. s. 259). Orderik ser det som sin pligt at undersøge både gamle skrifter og sin samtid. Derved undgår han lediggang og ladhed (ibid. s. 261). Han ser det ligeledes som sin pligt at følge fædrenes eksempel (ibid. s. 260) ved frivilligt og velvilligt at ransage det skjulte (ibid. s. 334). Formålet er at oplyse kommende generationer om fortiden, så de kan tage ved lære af tidligere tiders dyder (ibid. s. 334). Eftertidens historieskrivere kan således benytte Orderiks værk til opbyggelse af deres samtid (bind 2 s. 351). Orderik skriver derfor til gavn og glæde for de troende i Guds hus (bind 1. s. 261). Der er materiale nok at tage fat på for en historieskriver, fordi stoffet øges rigeligt (bind 2 s. 187). Fortiden er forbilledlig (bd. 1 s. 336). Jærtegn er blevet færre, og tiden er i forfald (ibid s. 263). Derfor stunder verden mod sin undergang (bind 2 s. 351). At Orderik bestræber sig på at skrive med sanddru pen (bind 1 s. 142) og i det hele taget tilstræber at give en sanddru beretning (bind 2 s. 350), understreger han utallige gange. Han fremhæver, at han vil fortælle om både gode og onde gerninger (ibid. s. 259), og at han vil berette sanddru om både lykkelige og ulykkelige hændelser (bind 2 s. 350).

Ingen af disse betragtninger er særegne for Orderik, derimod udgør de faste bestanddele i middelalderens historiografiske værker. De fleste af middelalderens *topoi* genfindes – i samme eller ændret form – i antikken. Det er således antikke former, der på et tidligt tidspunkt i kristendommen føres ind i den kristne tradition. Typisk bliver formen, idet den transformeres fra en kontekst til en anden, tilpasset den nye situation. Den antikke form fyldes med et kristent indhold og tillægges således ny betydning. For eksempel genfindes beskedenhedstoposet hos antikkens historieskrivere. Men hos kristne historieskrivere er understregningen af forfatterens uformåenhed ikke (kun) et retorisk middel. Her er fremhævelsen af vankundighed en måde, hvorpå forfatteren lever op til det kristne ideal om ydmyghed.

Beskedenhedstoposet bliver på denne måde udtryk for en kristen tanke. For så vidt som historieskriveren står inde for det ideal, et topos udtrykker, kan man sige, at det er udtryk for et ægte sagsforhold. Toposet fungerer da som en metafor og er en konventionel måde at udtrykke en bestemt holdning på. Det kunne dog tænkes, at et topos med tiden drænes for indhold og betydning, men alligevel forbliver i historieværkerne. Et topos er da en tom frase, en litterær udsmykning: Det er ren form. En vurdering af om et topos er udtryk for autentiske tanker, kan bedst ske ved at undersøge, hvordan topikken går i spænd med det pågældende værk som helhed.[13]

Topoi hos Orderik ser generelt ud til at dække over ægte situationer. Idet Orderik udfører det hverv, han pålægges af sin abbed, underordner han sig en autoritet. Underdanigheden forstærkes yderligere af hans ønske om, at abbeden skal korrigere det færdige værk. Dette skaber en distinktion mellem høj og lav, herre og tjener. Orderik udtrykker via disse topoi både lydighed, velvillighed og underdanighed. Han lever op til munkeidealet og indordner sig det hierarki, som munkereglen foreskriver.

Det er ikke på eget initiativ, han skriver sit historieværk, og derfor kan han fremkomme med visse forbehold. Han mener ikke just, at han – som »engelskmand« – burde være den oplagte historieskriver af normannernes historie.[14] Kulden og manglende litteratur er også forhindringer. Jo flere besværligheder, der er forbundet med opgaven, jo større synes fortjenesten at blive. Det virker dog, som om Orderik bløder denne konventionelle side af beskedenhedstoposet op. At han, på trods af at han er eng-

---

[13] Gertrud Simon undersøger topikken hos historieskrivere fra den tidligste middelalder til slutningen af det 12. århundrede. Hendes undersøgelse, der er baseret på et omfattende kildemateriale, viser, at der er stor kontinuitet i historieskrivernes brug af topoi. Traditionens spændetrøje levner dog plads til, at det enkelte topos kan udvikle tidsligt begrænsede særformer. Samtidig benyttes bestemte topoi hyppigere i visse perioder end i andre. I sin konklusion understreger hun, at ændringer i samfundet kan påvirke de fasttømrede topoi. Simon, 1959/60, s. 145.

[14] Vital, 1889, bind 1 s. 262.

lænder, skriver normannernes historie, giver ham en selvbevidsthed og toposet en personlig drejning. Det personlige kommer også til udtryk i de oplysninger, han giver om sin egen biografi. Beskedenhedstoposet i Orderiks udformning har da to sider. For det første viser det hans forbundethed til munkereglen og de kristne dyder. For det andet sliber det personlige de skarpeste kanter af beskedenheden og røber, at Orderik, selv om han underordner sig en autoritet, også besidder en mærkbar tro på sine egne evner som historieskriver.

Orderik betragter forfædrene som eksemplariske forbilleder. I prologerne henviser han til forgængere som de gamle, det vil sige som en diffus og abstrakt størrelse. Men sideløbende hermed fremhæver han konkrete navne, både på kirkefædre og på antikke litterater og historieskrivere (Vergil, Ovid, Taticus, Hieronymus). I værket i øvrigt støtter han sig til tidligere historieskrivere fra Orosius og Beda til Vilhelm af Jumieges. *Bibelens* skikkelser, for eksempel Abraham, tjener også som eksemplariske forbilleder. At han benytter disse fædre både som kilder, forbilleder og sammenligningsgrundlag, viser, at dette topos om de eksemplariske forfædre ikke kun er en tom frase, men også dækker over en ægte litterær situation. Strengt taget er dét at benytte de samme topoi som forgængerne at bruge forfædrene som forbilleder.

Kvantitativt er sandhedstoposet det mest dominerende hos Orderik. Han understreger til stadighed, at han skriver med sanddru pen. Ydermere bestræber han sig på at gengive hændelserne så objektivt som muligt. Det er immervæk vigtigt, at begivenhederne står, som de nu engang har fundet sted. Alt andet ville være at ændre ved Guds skaberværk. Sandheds- og objektivitetstoposet hænger således tæt sammen.

Det sidste topos, som skal kommenteres her, drejer sig om læserens vurdering. En enkelt gang nævner Orderik direkte medbrødre, der kun har hån tilovers for historieskriveren. Han henviser i samme åndedrag til, at Hieronymus og Origenes i deres skrifter klager over andres fjendske indstilling. Traditionelt er historieskrivningen ikke blevet betragtet som det mest væsentlige projekt for en munk. I den tidligste middelalder er påsketavlerne og annalistikken den eneste historieskrivning, der kendes i klostrene. En historieskrivning som Orderiks er en undtagelse. Påsketavlerne benyttes til at fastsætte helligdage, mens annalerne optegner de historiske begivenheder i tidsmæssig følge, så der ikke kommer kaos i kronologien. De to former for historieskrivning er derfor redskaber, som munkene kan drage nytte af. De har en praktisk funktion. En mulig årsag til, at historieskrivningen ikke er velanset, kan være, at den for en umiddelbar betragtning ikke beskæftiger sig med det mest påtrængende, nemlig skrifteksegese, glosarier og liturgi. Orderik kan derfor meget vel have følt det nødvendigt at forsvare sin historieskrivning.[15] Når Orderik nævner de gøende hundes gluffen, står det dog i modsætning til andre steder i værket. Her taler han generelt rosende om sine medbrødre i St. Evroul og om bekendtskaber fra andre klostre.[16] Man kan derfor overveje, om vi her står over for et topos, der er tømt for indhold og derfor er blevet topos for toposets egen skyld. Dog: *Hvis* det forholder sig sådan, kan situationen meget vel have været en anden på Origenes' og Hieronymus' tid. Der er trods alt tale om et spring i tid på 700 år. Man kunne også forestille sig, at den ene mulighed ikke udelukker den anden. Siden Orderik anser det for nødvendigt at hente autoritet hos selveste Origenes og Hieronymus, tyder det på, at han vitterligt har behov for at forsvare sin historieskrivning. Der kan altså være tale om fraktioner i St. Evroul. Et enkelt sted hentyder Orderik til »fredsforstyrrere«[17], så måske er der enkeltpersoner, der smeder rænker.

---

[15]R. D. Ray argumenterer for, at Orderik har mødt modstand fra fjendtligt indstillede munke fra St. Evroul, og at måden, hvorpå Orderik redigerer sit værk, bestemmes af denne modstand. Ray, 1972, s. 18.

[16]Vital, 1889, bind 1 s. 142; bind 2 s. 117.

[17]Vital, 1889, bind 1 s. 47.

Som historieskriver er Orderik afhængig af en tradition, og han er fortsætter af samme. Det er i særdeleshed i prologerne, at Orderiks afhængighed af traditionen kommer til udtryk. I disse bliver det meget tydeligt, at han benytter teknikker, der genfindes i andre historieværker. Topikken er en metode, hvorigennem herolden, Orderik, kan udråbe sit historie-teologiske budskab. Mellem prologerne og epilogerne, i beskrivelsen af sin samtid, finder vi derimod Orderiks personlige tillæg til traditionen. Det er her den egentlige historieskrivning udfoldes. Vi er da tilbage ved værkets tvedeling: De horisontale linier, der er bestemt af værkets specifikke indhold, der igen er bestemt af virkeligheden og Orderiks synsvinkel. Her giver Orderik en levende og dynamisk beskrivelse af sin samtid. Dette kommer i særdeleshed til udtryk ved hans personlige synsvinkel, der i *Normanner og angelsaxere* gør Normandiet til det indholdsmæssige objekt. De vertikale afsnit er i højere grad bestemt af form og bundethed til de fortællemæssige konventioner. Denne skelnen er naturligvis kun analytisk. Det historie-teologiske aspekt bryder hele tiden ind samtidsbeskrivelsen. Uanset hvad der sker i historien og med mennesket, tolkes det som et udtryk for forsynstanken. Samtidig er de enkelte prologer ikke mere evige, end at de lader sig påvirke af den tid, hvori værket er skrevet. Orderik vægter topikken anderledes, end en historieskriver i det 5. århundrede ville gøre. Nogle skubbes i periferien, mens andre fremhæves. Topoi er ikke konstanter, men derimod variable størrelser, der kan tilpasses individuelle udsagn.

# 2. DEL
# FORTID OG FORANDRING

## HISTORIESKRIVNING

En historieskriver mangler ikke en definition på ordet *historie*. Den er givet af Isidor af Sevilla (ca. 570-636), som i *Etymologiae* oversætter det græske ord for historie til »at se« eller »at undersøge«. Historieskriveren kan ud fra denne definition kun skrive om det, han selv – eller hans vidner – kan se. At skrive historie er derfor at skrive om samtiden. Isidor skelner ydermere mellem annaler, der omhandler fortiden, og historie, der beskriver samtiden.[18] Historie har således ikke entydigt med fortid at gøre. Historieskriveren skal ideelt set ikke bevæge sig bagud i historien for at oplyse en fjern fortid. Hans primære opgave er at give en samtidsbeskrivelse. Orderik er sin samtids journalist eller rapporter, mere end han er historiker i moderne forstand. De krav om sandhed og objektivitet, som Orderik ønsker at leve op til, ligner de krav, vi i dag stiller til mediernes formidling af begivenheder. Orderik nøjes dog ikke med at beskrive sin samtid. Han forholder sig ligeledes til fortiden. I første og anden bog bevæger han sig sågar tilbage til kirkens begyndelse. Så selvom Orderik vil skrive om sin egen tid, afdækker værket en periode på over 1000 år. Han stopper dog ved Kristi fødsel, hvor andre historieskrivere opregner hele historiens forløb og går helt tilbage til skabelsen.

*Orderiks opfattelse af samtiden*
Men igennem hvilke briller ser Orderik sin samtid? Som følgende citat illustrerer, udgør hans samtidsbeskrivelse en tidsklage:

---

[18]Chibnall, 1984, s. 169.

...efterdi tiden nu er slig, at kærligheden hos mange kølnes og uretfærdighed tager overhånd, udebliver hellighedens vartegn, miraklerne; og misgerninger og veklager vorder flere i verden. Biskoppernes kivsmål og fyrsternes blodige krige giver historieskriverne rigere stof end theologernes læreværker og asketernes nødtørftighed og undere. Antikrists tid er nær for hånden; og forud for hans komme skal, som Herren tilkendegiver salig Job, gå fattigdom på jærtegn, og rasende synder te sig voldsomt blandt de mennesker, der elsker sig selv på kødelig vis.[19]

For det første forklarer dette citat, hvorfor så stor en del af Orderiks værk omhandler verdslige begivenheder. Der er simpelthen flere verdslige begivenheder, end der er mirakler at berette om. For det andet peger Orderik på, at kærligheden tilsidesættes til fordel for uretfærdigheden. Adskillige steder i værket kommer det til udtryk, at de gamle dyder er i forfald. Vrede, frådseri, hovmod og begær har erstattet mådehold, udholdenhed og retfærdighed. Både biskopper og lægfolk lever i synd, idet de er sig selv og ikke Gud nærmest.

Det er kendetegnende, at Orderik i værket som helhed skelner mellem det gamle og det nye. De nye generationer lever ikke op til de gamle. Vilhelm Erobrerens efterfølger, hertug Robert, er en svag og blødagtig regent. Ligeledes afløser nye moder gamle skikke.[20] Riddere og hertuger optager barbariske skikke i både klædedragt og levemåde. Tant og fjas, snabelsko, handsker, friserede lokker og velplejet skæg har erstattet de praktiske sædvaner, der gjorde sig gældende på fædrenes tid (underforstået på Vilhelms tid). For Orderik bliver de nye moder ydre symboler på lægfolkets indre kvaliteter: De overflødige moder er tegn på menneskelig forfængelighed. Lægfolkets selv-dyrkelse står i modsætning til Guds-dyrkelsen. Ideelt set skulle mennesket hen-give sig, det vil sige vende opmærksomheden mod Gud. Orderik betragter tidligere tiders fædre som

[19] Vital, 1889, bind 1 s. 263-264.
[20] Vital, 1889, bind 2 s. 63-64 o.a.

forbilledlige. Et sted giver han en utvetydig kritik af disse fædres efterfølgere, nemlig paverne.[21] De besidder langtfra samme grad af hellighed som deres forgængere. Sågar munkeidealet ændrer sig. Orderik siger, at »I flæng med de gode vandrer dog også hyklere, hyllede i hvide og brogede skrud, sætter menneskene blår i öjnene og giver folk noget at glo på«.[22] De hvide munke (cistercienserne) forlader de skikke, som de hellige fædre hidtil har efterlevet. Den beskrivelse, Orderik giver af de nye munkeidealer, lever ikke helt op til hans ideal om objektivitet. Beskrivelsen er tydeligvis farvet af, at han selv tilhører de sorte munke (benediktinerne). De hvide munke »bidrager hos kortsynede personer til at bringe virkelig brave munke i foragt.«[23]

Som vi kan se, er værkets horisontale linier (den verdslige, den monastiske og den gejstlige) forfaldslinier. Orderik beskriver ikke nutiden som en størrelse, der hviler i sig selv. Nutiden ses hele tiden i forhold til det store paradigme: fortiden. Med enkelte undtagelser (i særdeleshed korstoget) karakteriseres nutiden som negationen af fortiden. Ifølge Orderik er der en kvalitativ forskel på dét, der er nu, og dét, der var engang.

Flere steder i værket, i særdeleshed i sin brug af topoi, henviser Orderik til fortiden og fædrene uden at konkretisere, hvilket punkt i fortiden eller hvilke fædre han henviser til. »Fortiden« og »fædrene« bliver da abstrakte begreber, der symboliserer »noget eller nogen, der var engang«. Herved skaber Orderik et kontrastfyldt rum, hvor det er selve modsætningsforholdet mellem før og nu, han lægger vægt på. Der er en stilstand i modsætningen, idet dét, der måtte ligge mellem før og nu, ikke er betydningsbærende. Der er ikke tale om en bevægelse eller udvikling fra den ene pol til den anden. Det er snarere en opfattelse af, at nutiden betegner et fald i forhold til fortiden, der anes i hans beskrivelser.

---

[21] Vital, 1889, bind 1 s. 336.
[22] Vital, 1889, bind 2 s. 165-76.
[23] Vital, 1889, bind 2 s. 176.

Dog viser eksemplerne, at der også ligger konkrete iagttagelser fra Orderiks samtid til grund for distinktionen mellem fortid og nutid, gammelt og nyt. I hans øjne har der været flere mirakler, der har været hellige fædre og der har været flere retfærdige. Mirakler og undere er bevis for forbindelsen mellem Gud og mennesket. Hvis miraklerne aftager med tiden, er også dét et tegn på, at afstanden mellem mennesket og Gud er blevet større, end den var engang. Orderiks klage over sin samtid er derfor ikke udelukkende et resultat af den konventionelle opfattelse, at nutiden ikke kan måle sig med fortiden. Den kan tillige være igangsat af hans konkrete iagttagelser fra den faktiske omverden.

*Sandheden og historien*
På trods af det gennemgående forfaldsmotiv, der indbefatter både tiden, jærtegnene og menneskene, levnes der plads til enkelte lyspunkter. Selvom det er sjældent – målt i forhold til fortiden – forekommer der dog mirakler. For Orderik er det første korstog det største under i samtiden. Det er beviset på, at Gud stadig griber ind i historien. Orderik beskriver historien – god eller dårlig – for at hjælpe sine efterkommere i menneskets stadige søgen efter sandheden. Sandheden og historien er altså to forskellige ting. Hvor sandheden er evig og uforanderlig, er historien tidslig og underlagt forandring.

Det er historieopfattelsen hos Augustin (354-430), som ligger til grund for denne skelnen. Overordnet set betragter Augustin menneskets historie som en universel frelseshistorie, der går fra skabelse til dom. Han deler historien i syv perioder. Det er *Bibelen*, der giver mønstret for historien, således at skabelsens syv dage svarer til syv verdensaldre. Efter Kristus lever mennesket i den sjette verdensalder, og kun Gud ved, hvornår den syvende alder indtræder. At historien således ruller mod sin ende, giver frit spillerum for eskatologiske betragtninger og dommedagsskildringer. Orderiks beklagelser over sin samtid fører da også til udtalelser om, at Antikrists komme er nær, og at verden stunder mod sin undergang. Men det bliver ved disse spredte udtalelser. Han beskriver, hvad der sker forud for Antikrist, altså i den sjette verdensalder. Hvad der sker ved den sjette verdensalders afslutning, er et lukket område: fremtidsvisionen udebliver.

Augustin ser den jordiske historie i lyset af den bibelsk bestemte frelseshistorie. Men han regner også med en transcendent, himmelsk verden. De to verdener forholder sig til hinanden som det perfekte i forhold til det afspejlede. Man kan med god grund argumentere for, at der ligger en platonisk idealisme til grund for Augustins tænkning. Den himmelske verden kan sammenlignes med idéverdenen og den jordiske verden med fænomenverdenen. Denne dualisme fungerer ret beset som en teodicé. Selvom verden er underlagt forfald og bevæger sig mod sin afslutning, tager den ikke den egentlige, sande, verden med sig i faldet. Dén forbliver uforanderlig. Der er derfor både tale om et dynamisk og et statisk syn på verden.

Orderik vil beskrive verden på objektiv vis: Han vil give en aristotelisk beskrivelse af verden, som den fremtræder for ham. Samtidig med at han beskriver verden, ønsker han på platonisk vis at finde den uforanderlige sandhed eller at skue ideen. I sine bestræbelser ser han, at verden forandrer sig. Forandringerne medfører, at nutiden ikke stemmer overens med fortiden. Der er en disharmoni mellem de to rum, der gør det vanskeligt at opretholde en forbindelse. For Orderik resulterer det ikke i, at fortiden eller forgængerne mister deres autoritet. Tværtimod fremhæves fortiden på bekostning af den faldne nutid. Og som nævnt medfører forandringerne, at Orderik vælger at gribe tilbage til fortiden frem for at håbe på fremtiden. Forandringer i omgivelserne er i sig selv nok til at begrunde en samtidsklage. Når Orderik beklager, at der sker mange forandringer omkring ham, må vi holde fast ved, at det er historiske forandringer. Det egentlige – sandheden – forandrer sig ikke.

## FORTIDENS DOBBELTE SKIKKELSE

Det følgende tager udgangspunkt i to situationer, hvor Orderik inddrager fortiden i sin samtidsbeskrivelse. I begge tilfælde bevæger Orderik sig så langt tilbage i historien som muligt, nemlig i beskrivelsen af St. Evrouls grundlæggelse og i beskrivelsen af Normandiets oprindelse. Oplysningerne om St. Evrouls forhistorie er samlet i sjette bog, mens Normandiets og det normanniske folks fortid optræder flere steder i værket. Den hagiografi om Evroul, som Orderik fletter ind i sit værk, giver et billede af den gyldne fortid, hvor det gudelignende menneske, Evroul, levede.[24] Oplysningerne om normannernes fortid har andre toner. Her er det ikke helgeners liv, men krigeres historie, der skildres. Det er med andre ord fortiden i to forskellige skikkelser, der trænger ind i samtidsbeskrivelsen: nemlig en profan og en sekulær fortid, svarende til værkets monastiske og verdslige linie.

*St. Evrouls grundlæggelse*
I Orderiks udformning udgør Evroul-hagiografien en rammefortælling.[25] Rammen, begyndelsen og slutningen, bygger på en skriftlig kilde, mens det øvrige indhold hovedsageligt er baseret på mundtlige kilder.

Først den del, der bygger på skriftlige kilder. Første del af rammen omhandler Evrouls barndom, ungdom og tidlige voksenalder.[26] Før han går i kloster, har han været i tjeneste i Klodevigs hof. Den afsluttende ramme beskriver Evrouls sidste leveår.[27] Vægten ligger på de mange mirakler og undere, der er

---

[24]På de følgende sider henviser Evroul til helgenen, mens St. Evroul henviser til klostret.
[25]Vital, 1889, bind 1 s. 377-407.
[26]Vital, 1889, bind 1 s. 377n.-380m.
[27]Vital, 1889, bind 1 s. 399ø.-407n.

forbundet til hans person. Rammefortællingen slutter ved hans død og skrinlæggelse. Genremæssigt er rammen en bekenderlegende, hvor vægten er lagt på *vita* og ikke på *passio*. Hele Evrouls liv er fyldt med tegn på hans hellighed. Allerede i hans ungdom er der tegn, som peger på hans glorværdige fremtid. Beskrivelsen er opbygget af bestanddele, der er typiske for legenden: Evroul er af god afstamning og lever et eksemplarisk liv. Han har i det hele taget inkarneret de dyder, der er væsentlige for en sand kristen. Også før Evroul går i kloster, lever han i total hen-givelse. Han er lægmand udadtil, men munk i det indre. På trods af et (delvist tvungent) ægteskab samt et verdsligt erhverv skiller han sig ud fra sine omgivelser. Han sætter sig ud over samfundet og stræber et trin højere. Stilistisk set er beskrivelsen fænomenologisk. Den beskrivende fortællerautoritet lader kun læseren se fremtrædelserne og giver ikke et indblik i dybere, bagvedliggende motiver. Fremstillingen er holdt i et simpelt sprog, der er krydret med skriftcitater og bibelallusioner.

Den anden del af hagiografien bygger som sagt på mundtlige traditioner.[28] I denne del fortælles om det kloster, Evroul søger tilflugt i efter at have skiftet sin kødelige ægtefælle ud med den himmelske brudgom. Her beskrives ligeledes, hvordan Evroul forlader dette kloster til fordel for et eneboerliv i skoven Ouche. Skoven er øde og hjemsøges af røvere og stimænd. Flere af disse stimænd og mange andre, der hører om Evrouls nådegaver, slutter sig til ham. Evroul grundlægger et kloster, og senere lægger han grunden til adskillige andre klostre, der er afledte af det første. I takt med at skaren af brødre vokser, stiger Evrouls nådegaver i styrke, og underne tiltager. Også denne del af hagiografien indeholder skriftcitater og bibelallusioner. Stilistisk set adskiller den sig fra rammen ved at være mere detaljeret og fortællende. Den fænomenologiske gengivelse af begivenhederne, der giver rammen en glat overflade, er krakeleret. I denne

---

[28]Vital, 1889, bind 1 s. 380m.-399ø.

midterste del af hagiografien bevæger Orderik sig ind under overfladen. Han går i dybden og forklarer i stedet for at fremvise. Hvor hagiografiens ramme, begyndelsen og slutningen, er bundet af legendens stereotype udtryksformer, indeholder dens midte sagnagtigt stof, der giver et mere levende præg. Den indeholder etymologier. For eksempel gives en folkeetymologisk forklaring på stednavnet Deux Jumeaux (som betyder tvillingebrødrepar). Det fortælles, at stedet hedder sådan, fordi et tvillingebrødrepar, der døde som spæde, ved et mirakel blev kaldt til live. Stedet, hvor Evroul bygger sit kloster, begrundes med en ætiologi. Det er en Guds engel, der åbenbarer sig og udpeger stedet. Hagiografiens midte kan genremæssigt defineres som et sagn eller rettere: som en række sagn. Etymologierne bruges til at lokalisere sagnstoffet. Ætiologierne giver metafysiske forklaringer på, hvorfor klostret er placeret, hvor det er, og på hvordan de sprudlende kilder er opstået i den ellers så golde Oucheskov.

Orderik udvider legenden med sagnagtigt stof, fordi den skriftlige kilde ikke giver ham oplysninger nok om Evrouls liv. Der er en lakune i legenden, idet den ikke beretter om Evrouls medvirken i grundlæggelsen af klostret, St. Evroul. Han udvider legenden og tilpasser den sit egentlige ærende, nemlig sit klosters grundlæggelse. Orderik har kendskab til et væld af mundtlige traditioner, som kan udfylde lakunen. Han lader sig altså ikke begrænse af de skriftlige kilder. Tværtimod. Hvor skriften ikke forslår, træder den mundtlige tradition til: Den fungerer som et sikkerhedsnet. Selvom der ikke er udførlige skriftlige vidnesbyrd om fortiden, fortaber den sig ikke i det dunkle.

Det er dog væsentligt at bemærke, at Orderik forbinder den del af hagiografien, der bygger på den mundtlige tradition (midterdelen) til krønikeoplysninger. Orderiks udvidelse af legenden består derfor af to parallelle spor. Dels det spor, der er baseret på den folkelige tradition (etymologierne og ætiologierne, altså sagnstoffet), dels et andet spor, der er Orderiks realkommentarer. Sidstnævnte er historiske oplysninger, som han henter i krøniker, hvor sagnstoffet forbindes tidsligt til kejseres, pavers og kongers navne. Så selvom den mundtlige tradition er autoritativ nok til at hale ting ud af fortidens mørke, anser Orderik det tilsyneladende for nødvendigt at hægte de abstrakte, folkelige traditioner fast på de mere konkrete, skriftligt nedfældede oplysninger.

I legenden, altså i rammen, sætter Orderik ikke navn på de mennesker, som nyder godt af Evrouls undergørende virksomhed. I sagnstoffet (og i værket i øvrigt) legitimerer han undere og mirakler ved at angive navnet på den involverede og stedet, hvor miraklet finder sted. De undere, der beskrives i rammens sidste del (i legenden), handler derimod om en tjener, en husmoder, en fattig mand eller lignende. Her befinder angivelserne sig på et højere abstraktionsniveau. Legenden holdes altså for sand. Den er i sig selv autoritativ nok til at legitimere miraklerne. Det tyder derfor på, at Orderik alt i alt har tillid til det, der er skriftligt overleveret.

Orderiks udformning af Evroul-hagiografien bevæger sig da inden for et spændingsfelt af henholdsvis mundtlige og skriftlige traditioner. Legende betyder etymologisk »noget, som skal læses« (fra latin *legenda*) og er derved forbundet til skriften. Det er en skriftlig legende, Orderik tager udgangspunkt i, men han udvider den med mundtlige traditioner. Skal man være tro over for genrebegrebet, der forbinder legenden med skriftlighed, er Orderiks udformning af hagiografien ikke entydigt en legende. Etymologisk stammer sagn fra *søgn* (oldnordisk) og er beslægtet med »at sige«. Sagn betegner derfor mundtligt overleverede beretninger. I de tilfælde, sagnet har et sakralt indhold, kan det betragtes som legendens forgænger. Yderligere indsætter han en tredje genre, nemlig krøniken, det vil sige historieskrivningen. Fælles for de tre genrer er, at de alle er bundet til historien. De bevæger sig ikke (som for eksempel myten) uden for tid og rum, men konkretiserer i større eller mindre grad personer, tid og sted.

Hagiografien fungerer som St. Evrouls grundlæggelseshistorie. Evrouls levned henter Orderik fra en legende, men legenden fører et mylder af sagnagtigt stof med sig. De sagn og mundtlige traditioner, han benytter, knytter sig til den bestemte egn, hvor klostret bygges. Orderik beskriver, hvordan Oucheskoven er en udørk, en gold og øde egn. Skoven er et vildnis, indtil Evroul kultiverer området. Det er udelukkende i kraft af Evrouls aura og nådegaver, at rummet tilføres liv og frugtbarhed. Dybest set skaber Evroul ved Guds hjælp liv ud af intet. Grundlæggelsen begrundes metafysisk. Det er en Guds engel, der udpeger klostrets placering. Der er derfor ikke tale om, at klostret ved en tilfældighed er placeret, hvor det er. Hagiografien viser, at klostrets eksistensberettigelse og geografiske placering er i overensstemmelse med Guds vilje.

*Hagiografi og historiografi*
Hagiografien om Evroul er ikke den eneste helgenbeskrivelse, Orderik indsætter i sit værk. Legender og hagiografier finder tilsyneladende deres naturlige plads i historieværket. Et af formålene med Orderiks historieskrivning er at oplyse kommende generationer om hans samtid. Han skriver altså ikke historie for historiens egen skyld, men fordi historien har praktisk betydning. Eftertiden kan tage ved lære af historien. Hagiografien fungerer almindeligvis som *eksemplum*, den udviser en morale. Det vil sige, at historiografien og hagiografien tjener samme formål. De er begge normative. Dog: Dét, der skaber den egentlige forbindelse mellem de to genrer, er, at de begge viser, at Gud udtrykker sig i historien. Historieskrivningen er som sagt et led i menneskets søgen efter sandheden. Hvis det lykkes at spore Guds fingeraftryk i historien, bevises forbindelsen mellem den symbolske verden og den jordiske verden. Dette ligesom miraklerne omkring en helgen beviser, at Gud handler i historien.

*Evroul-hagiografiens funktion*

Men hvorfor beslutter Orderik sig til at medtage Evrouls levned i værket? Det tyder på, at svaret skal findes i Orderiks samtid. Orderik skildrer både St. Evroul-klostrets grundlæggelse og dets gengrundlæggelse. Den første grundlæggelse placeres tidsmæssigt i det 6.århundrede og den anden grundlæggelse i det 11.århundrede.[29] Orderik kender én skriftlig kilde, der giver oplysninger om klostrets skæbne i den mellemliggende periode. Men den tilfredsstiller ham ikke. Derfor vælger han at lade mundtlige traditioner skabe forbindelse mellem de to grundlæggelser. Det er det mundtlige sikkerhedsnet, der skaber en forbindelse mellem dengang og nu. Her er altså ikke tale om stilstand mellem før og nu, men om udvikling og bevægelse. Et af de emner, han fremhæver fra den mellemliggende tid, er kampen om Evrouls relikvier. En krig mellem normannerne og franskmændene resulterer i, at klostret i Ouche frarøves sine relikvier. Fra ca.1050, altså ved den anden grundlæggelse, forhandler klostret St. Evroul med en kirke i Rebais om retten til relikvierne.[30] I den sammenhæng er det værd at bemærke, at den skriftlige kilde, som ikke tilfredsstiller Orderik, netop stammer fra Rebais. Men den er efter Orderiks skøn »...skreven af en uvidende person, der hverken har været rigtig på det rene med begivenheder eller tidsforhold.«[31]

Evrouls levned og den efterfølgende beretning, »som de gamle i Ouche har bragt i erfaring«, begrunder St. Evrouls ret til relikvierne. Hagiografien beviser samhørigheden mellem Evroul og klostret i Ouche. Det er dér, helgenen grundlægger sit kloster og det er dér, helgenens jordiske rester hører hjemme. Orderik bruger således hagiografien som et våben i kampen om relikvierne.

---

[29]M. Chibnall argumenterer ud fra andre *vita* om Evroul, at han levede 626-706. Orderik daterer Evrouls død til ca. 596. Den opsummering af den historiske baggrund, Orderik giver, tilpasser han den tid. Chibnall, 1972, vol. 3 s. xv-xvi.

[30]Vital, 1889, bind 1 s. 433-438.

[31]Vital, 1889, bind 1 s. 410.

*Den anden grundlæggelse*
Konflikten mellem St. Evroul og Rebais kan meget vel være den direkte anledning til, at Evrouls levned medtages i værket. Men dermed er alt ikke forklaret. For det første må vi huske på, at det oprindelige formål med Orderiks historieværk er at skildre sit klosters historie. Trangen til at berette om den helgen, der har givet navn til klostret, er i den sammenhæng forståelig. For det andet kan mere overordnede samfundsmæssige forhold i Orderiks samtid være årsag til, at Orderik indsætter hagiografien i sit værk.

Hagiografien bevidner, at Evroul boede i Ouche før nogen anden. Ved den anden grundlæggelse er situationen ganske anderledes. Vikingernes togter har resulteret i Normandiets opståen. Den egn, der før var øde, er nu beboet af utallige slægter, der kæmper om retten til hver sin del af området. Egenkirkevæsenet har medført, at klostrene og kirkerne er afhængige af lægfolkets interesse i at opbygge og vedligeholde de kirkelige og monastiske institutioner. Dog er klostrene ikke udelukkende underlagt de glade giveres gavmildhed. Der hersker snarere en gensidig afhængighed, hvor klostret – specielt hvis det har en magtfuld abbed – kan påvirke lægfolkets beslutninger. Også fejdevæsenet præger tiden. Territorialkampe bølger frem og tilbage. Orderik selv beklager flere steder, at der hersker lovløshed blandt de barbariske og krigeriske normannere. Ikke alle lægmænd er gunstigt stemt over for de religiøse institutioner. Det kan medføre, at et klosters besiddelser kommer i klemme i kampen om den territoriale magt. Fordi klostret i Ouche er en adelsgrundlæggelse, er det en brik i det spil, der går ud på at erobre besiddelser. Under hertug Robert er lovløsheden på sit højeste, og også Orderiks sidste leveår er en urolig tid for St. Evroul.[32] Klostret undgår ikke at mærke dønningerne fra de

---

[32]Vital, 1889, bind 2 s. 30 ff. (størstedelen af ottende bog); bind 3 s. 424-425, 432 o.a.

kampe, der bølger frem og tilbage. Derfor er det nødvendigt at legitimere retten til St. Evrouls besiddelser.

St. Evrouls anden grundlæggelse forbindes til slægterne Giroie og Grandmaisnil. Deres medvirken i den anden grundlæggelse beskrives udførligt et andet sted i Orderiks værk, nemlig i tredje bog. Her beretter Orderik om de lægmænd, der finansierer og genopbygger klostret. Disse beskrivelser er i høj grad præget af profane forhold. Her beskrives forhandlinger mand og mand imellem, lægmændenes afståelser til klostret etc. Grundlæggelsen får endegyldig autoritet, da den nedfældes skriftligt og får hertugens blå stempel. I sjette bog – hvor hagiografien er indsat – ses den anden grundlæggelse fra en anden vinkel. Her så vi, at Orderik lægger vægt på undere og ætiologier, det vil sige på sakrale forhold. Forud for lægmændenes genopbygning af klostret lader Orderik den hellige fortid pible frem. Forskellige tegn og undere sender pile tilbage til den første grundlæggelse.[33] Området, hvor Evroul boede i en fjern fortid, har nok ligget i dvale, men er stadig begunstiget af Gud.

Sjette og tredje bog viser, at Orderik tager højde for to forskellige autoriteter. I tredje bog legitimeres besiddelserne ved skriftlige dokumenter (grundlæggelsesdokument og gavebreve), mens de i sjette bog legitimeres metafysisk. Altså i en bevægelse oppefra og ned. At Orderik regner med to autoriteter og derved dobbeltsikrer sine rettigheder, kan ses som et udtryk for, at han lever i en brydningstid. De skriftlige dokumenter bevidner det skrevne ords stigende betydning i et samfund, der tidligere har været båret af mundtlige traditioner. Det kan også være sådanne overvejelser, der ligger bag abbedens ønske om at få sit klosters historie affattet på skrift. Den metafysiske legitimering skal ses i sammenhæng med Orderiks opfattelse af historien: Det er Gud, der styrer verdens gang, og undere og mirakler er uomgængelige led i hans plan med verden.

---

[33]Vital, 1889, bind 1 s. 428-432.

## Intermedium

Orderiks brug af den sakrale fortid, repræsenteret ved hagiografien, tjener to øjeblikkelige formål. Den legitimerer St. Evrouls ret til Evrouls relikvier. Men de monastiske interesser kan ikke adskilles fuldstændigt fra begivenheder i den verdslige omverden. Det viser sig ved, at klostret ligesom lægfolket må legitimere retten til sine besiddelser. Det vil sige, at hagiografien tjener både et sakralt og et profant formål.

Orderik kan hente fortiden ind i nutiden, fordi han kender både skriftlige kilder og mundtlige overleveringer.

Det er kendetegnende, at Orderik er omhyggelig med at placere begivenhederne på landkortet: Evroul er født i Bayeux, er i klostret i Deux Jumeaux, efter at have passeret Exmesdistriktet gør han ophold i Montfort for til sidst at nå til Ouche. Han fremhæver ligeledes, at Evroul er i frankerkongen Klodevigs tjeneste. Han opremser paver, kejsere og biskopper, der er samtidige med merovingerne. Fortiden svæver altså ikke uden for tid og rum. Idet Orderik fremhæver Evrouls liv, foretager han et punktnedslag et konkret sted i historien. Evroul har sat sit mærke på skoven i Ouche, mens den endnu var gold og øde. Det vil sige før Normandiets opståen. Klostret har da en længere tradition på stedet end de senere tilkomne normannere. Besiddelserne tilhører derfor retmæssigt klostret! Merovingerne er forbilledlige. Hvis nutidens lægmænd – det vil sige slægterne Giorie og Grandmaisnil – ønsker at leve op til fortidens, må de ære klostret, som merovingerne ærede dets grundlægger. Ved at fremhæve merovingerne bringer Orderik den kristne fortid på banen. Klodevig er den første frankerkonge, der omvender sig til kristendommen. Hans dåb symboliserer kristendommens indtræden blandt de germanske stammer. Men Orderik nævner også, at Exemes og Gacé var til »på Cæsars tid«.[34] At Orderik

---

[34] Vital, 1889, bind 1 s. 382.

inddrager Cæsar viser, at han ikke blot tager højde for den kristne, men også den antikke fortid.

## Normandiets opståen

Orderik beklager, at der er et hul i hans viden om tiden efter Evrouls død. Alligevel lykkes det ham at spore St. Evrouls historie ved hjælp af de mundtlige traditioner. Men hvad sker der uden for klostrets mure? Herrens vingårdsmænd – bl.a. Evroul – formår at indføre renere skikke blandt Neustriens rå befolkning. Hele Frankerriget oplever en guldalder under Pipin, Karl den Store og Ludvig den Fromme. Dog varer guldalderen ikke længe. Befolkningen henfalder til havesyge og rejser sig mod »deres frelses ophav«.[35] Men hovmod står for fald. Danerkongens søn Bjørn Jærnside og hærføreren Hastings hærger i en årrække Neustrien. De brænder byer og klostre ned, og landet lægges øde. Neustrien oplever et fald fra den guldalder, hvor vingårdsarbejderne ledte befolkningen ind på en bedre livsvej. Befolkningens frafald fra Gud straffes ved vikingernes hærgen. Derefter gøres landet til genstand for et vendepunkt: Landet får oprejsning ved den samme folkestamme, som har forårsaget ødelæggelserne. Danernes hærfører, Rollo, bekæmper frankerne og sætter sig fast på området.[36] Fra da af hedder området Normandiet.

Vikingernes to angreb resulterer dels i opløsningen af Neustrien, dels i opbygningen af Normandiet. Opløsningen fører til *tabula rasa*: Den hovmodige befolkning undergår en renselse, landet lægges øde og dets fortid fjernes. Det er denne tilstand, der afspejles i det hul, der er i Orderiks viden. Det eneste, han

---

[35]Vital, 1889, bind 1 s. 13-15 (citat s. 14).
[36]Kierkegaard gør i sine noter (Vital, 1889, s. 15, note 1) opmærksom på, at Hasting aldrig har været i Normandiet, og at der er sået tvivl om Rollo eller hans forgængere er ansvarlige for de omtalte ledingstog (Vital, 1889, s. 16, note 1). Noterne antyder, at Orderik giver Rollo æren for hans forgængeres bedrifter. Det er ikke intentionen her at vurdere den historiske korrekthed i Orderiks beskrivelser. Det er Orderiks, ikke den faktiske, virkelighed, der er interessant.

kan berette om, er vikingernes hærgen, bål og brande. Neustrien karakteriseres udelukkende ved de angreb, det påføres af udefrakommende kræfter. Neustrien i sig selv skrumper ind og fremstår til sidst som et hult og tomt rum. Fra dette nulpunkt kan opbygningen af Normandiet tage sin begyndelse. Det eneste, Orderik anser for væsentligt fra Neustriens historie, er beretningen om Evroul og andre helgener. Ellers ligger tiden før Normandiets opståen hen som en grå masse, der blot oplyses af disse periodiske lysglimt.

Opbygningen af Normandiet forbindes til Rollo og hans efterkommere. Orderik fortæller, at Rollo døbes af bispen i Rouen i 912. Det er naturligvis altafgørende, at denne viking fra første færd vender sig fra de falske guder til den sande Gud. Rollos sønner genopbygger gradvist de klostre, der er blevet ødelagt under vikingernes hærgen. Lægfolket i Normandiet følger hertugernes eksempel. Også de deltager i genopbygningen af kirker og klostre og viser derved deres gode vilje over for den sande tro. Her glider Orderik efterhånden over i beskrivelsen af slægterne Giorie og Grandmaisnils medvirken i St. Evrouls anden grundlæggelse.

Orderik mangler viden om, hvad der egentlig sker i Neustrien, mens området bliver nulstillet. Derimod mangler han ikke kilder til Normandiets opbygning. Dudo af St. Quentin beretter om Rollo selv, Vilhelm Langsværd og Rikard den Uforfærdede. Vilhelm af Jumiége om de efterfølgende to Rikard'er, Robert den første og Vilhelm Erobreren.[37] Orderik rejser sig i deres fodspor. Hans historieværk viderefører forgængernes beretninger. Orderiks tillæg til forgængernes påbegyndte værk består i fortsættelsen af fyrsterækken. Orderik giver en fyldig og detaljeret skildring af Vilhelm Erobreren og hans sønner: Robert den Anden, Vilhelm den Røde og Henrik den Første. Opremsningen af Rollos slægt illustrerer, at Normandiets historie dybest

---

[37]Vital, 1889, bind 1 s. 12.

set er det samme som hertugernes genealogi. Det er genealogien, der binder historieværkerne sammen, og det er den, der driver historien fremad.

### Normannernes genealogi

Normandiets tilblivelse føres tilbage til Rollo. Men Orderik lader det ikke blive ved det. Normandiets grundlægger er ikke en hvilken som helst viking, der tilfældigvis falder ned fra himmelen. Orderik tegner en linie, der borer sig igennem Normandiets opståen og endnu længere tilbage i tiden. Set med eftertidens analyserende briller sker et skift fra historiske oplysninger til legendariske eller mytiske udlægninger: Rollos æt ledes tilbage til Dan, der har givet danerne navn. Dan nedstammer fra trojaneren Antenor. Trojanerne nedstammer igen fra skytherne.[38] Det vil sige, at Vilhelm Erobreren og hans sønner kan føre deres slægt over Rollo og tilbage til Troja og et oldtidsfolk. Egentlig fungerer genealogien som en komprimeret oprindelseshistorie. I beskrivelsen af Evroul inddrager Orderik den antikke fortid ved at nævne Cæsar. I denne sammenhæng er det ikke blot antikken, men også oldtiden, der fremhæves.

Orderik opfatter normannerne som et krigerisk folkefærd. At dømme efter den kontekst, stamtavlen indgår i, begrunder afstamningen dette krigeriske sindelag. Folkets krigersind føres tilbage til Dan, der blev stamfar til et »grumt og krigerisk folkefærd«, og endelig til skythernes »vilde folkeslag«. Andetsteds understreger Orderik, at normannerne udgår »fra Danmark, hvis hu stod til våben mere end til bogen«, og danerne er »mer opsatte på at slås end på at læse og skrive«.[39] At normannerne i bund og grund er krigere, afspejler sig ligeledes i hertugernes tilnavne: Langsværd, den Uforfærdede og Erobreren. Orderik ser en sammenhæng mellem selve betegnelsen »normanner« og

---

[38]Vital, 1889, bind 2 s. 205.
[39]Vital, 1889, bind 1 s. 12.

folkets natur.[40] Betegnelsen bestemmes af det betegnedes indhold: Det ligger i selve ordet »normanner«, at folket stammer nordfra, og at det derfor er et krigerisk folk. Orderik skriver sig derved ind i samme tradition som Isidor. I *Etymologiae* udviser denne en tro på, at hver tings rette natur kan udledes af det ord, der betegner det. Der er ingen forskel på betegnelsen (navnet), det betegnede (folket) og betydningen (nordfra). Hvis vi tager Orderik på ordet og lader det betegnede og betegnelsen være en og samme ting, betyder det bogstaveligt talt følgende: I det øjeblik historieskriveren tildeler det tidligere Neustrien betegnelsen »Normandiet« og befolker det med »normannere«, er området ikke længere nulstillet. Fra da af er der opstået en ny nation og et nyt folk.

*Antikken*
Rollos afstamning forbinder også normannerne til en antik fortid. Afstamningen fra Troja er ikke et enkeltstående eksempel på, at antikken spiller en rolle i Orderiks værk. Orderik indsætter jævnligt citater fra de latinske klassikere: Horats, Vergil, Cicero og Ovid. Ligeså benytter han græske sagnhelte som sammenligningsgrundlag, eksempelvis Polyneikes og Æneas. I en opsummering af de storriger, der skiftevis har domineret i historien, vedkender Orderik sig Trojas magtfulde position.[41] I beskrivelsen af Lanfrank multiplicerer han de klassiske allusioner. Lanfrank sammenlignes med Herodot, Aristoteles, Cicero og Platon. Abbeden fra Bec overgår antikkens skønånder både med hensyn til grammatik, dialektik, retorik og filosofi. I denne sammenhæng overtager antikken den bibelsk-kristne fortids funktion som paradigmatisk målestok.

Skønt antikkens poeter og filosoffer ofte fremhæves, har Orderik ikke et indgående kendskab til dem alle. For eksempel

[40]Vital, 1889, bind 2 s. 205m.
[41]Vital, 1889, bind 1 s. 57, 215, 261, 279 o.a.

nævner han kun »Akademikeren Plato« én gang i sit værk.[42] Sandsynligvis er hans viden om Platon ikke omfattende nok til, at han kan bringe ham ind i værket på eget initiativ. Man kunne forestille sig, at nogle af personerne havner i værket, fordi de nævnes i de kilder, som Orderik benytter. Dog må vi formode, at han kender til de personer, hvis værker findes i St. Evrouls bibliotek. Men i det store hele fungerer antikkens navne først og fremmest som symbol på noget. Navnene repræsenterer fortiden i nutiden.

Orderik refererer rask væk til antikken, men det betyder ikke, at den kristne fortid mister sin autoritet. Stilistisk set er Orderiks værk gennemtrængt af bibelallusioner og tematiske henvisninger til den Hellige Skrift. Orderik genbruger både *Bibelens* metaforik og dens billedsprog. Lignelsen om arbejderne i vingården er allerede nævnt, men Orderik benytter flere andre bibelsk bestemte billeder. Også levn fra kirkefædrene er bevaret hos Orderik. For eksempel trænger Augustins to-statslære ind i Orderiks værk. Gud og Satan er magter, som griber ind i verdens gang. Også Guds fjender er i sidste ende et led i Guds forløsningsplan. Orderik benytter således nogle ikoner, som har deres udspring i *Bibelen* og hos kirkefædrene. Han udtrykker sig igennem en konventionel og traditionel ikonografi. Ligeledes genbruger han den form, som historieskrivere traditionelt udtrykker sig i: prologer, figurer og topoi. Ved at benytte visse af de tilgængelige ikoner og ved at undlade andre udtrykker Orderik en holdning eller tendens. Ét afgørende sted, hvor Orderik bryder med standard-ikonografien, er i hans inddragelse af antikken. Lige så ofte som han henviser til *Bibelen* og kirkefædrene, henviser han til antikken.

Men hvorfor bruger Orderik klassikercitater? Overordnet set kan man betragte dem som en stilistisk udsmykning og en ornamentering af værket. Men citaterne viser også, hvilket er

---

[42]Vital, 1889, bind 1 s. 194.

symptomatisk for højmiddelalderen, at Orderik tillægger antikken positiv betydning. De udtryk, vendinger, passager og citater, som Orderik benytter, er reminiscenser fra en guldalder. Vergil, Cicero og Aristoteles er synonym med autoritet, på samme måde som Ambrosius, Augustin og Hieronymus er det. Både teologiske og dogmatiske læresætninger, der finder deres oprindelse i *Bibelen* og hos kirkefædrene samt profane ordsprog fra klassiske poeter, kan fungere som *eksemplum*. Genealogien begrunder normannernes krigeriske natur, men samtidig forbinder den normannerne til antikken. Selvom vikingerne er vilde og blodige, har de dog en antik og nobel fortid, idet de stammer fra Troja.

Det er i særdeleshed blandt lægfolk, at antikken får en renæssance i højmiddelalderen. I hofmiljøet er der en stigende interesse for verdslig digtning og romancer. Denne underholdende digtning skrives netop oven på klassikerne. Ved at inddrage personer og temaer fra Troja-, Theben- og Æneasromanerne benytter Orderik nogle ikoner, som lægfolket kender. Beskrivelsen af normannernes afstamning viser, at Orderik taler et sprog, som de forstår. Orderik beskriver Antenor som en anden Æneas. Hos Vergil er Æneas en helt, der efter Trojas fald strejfer om i lang tid, indtil han slår sig ned i Latinum. Han bliver stamfar til latinerne. Orderiks version er denne: Efter Trojas ødelæggelse søger Antenor i sin landflygtighed efter bosteder. Endelig bosætter han sig »nord på ved Oceanets strand«[43]. Antenor bliver stamfar til danerne. Når Orderik i sit værk trækker på en dobbelt fortid, altså både en antik og en bibelsk, tager han højde for henholdsvis verdslighedens og gejstlighedens guldalder.

*Oprindelsen*
At det er vigtigt at kunne føre et folk tilbage til dets udspring, er ikke en ny tanke. Eusebius af Cæsarea (død 340) er blevet kaldt

---

[43]Vital, 1889, bind 2 s. 205.

den kristne historieskrivnings fader. Som den første skriver han en universalhistorie, der forløber fra skabelsen til nutiden. Eusebius' historieværk videreføres af andre historieskrivere langt ind i middelalderen. For Eusebius er historien nøje forbundet med genealogisk succession. I sidste ende er historien en udvidelse af skabelsen: Den bevæger sig fra Adam over Noa, Abraham, David og Salomon til Kristus.[44] Eusebius træder tillige uden for *Bibelen* og fortolker historien. Han betragter romerne som Israels efterfølgere. I den sammenhæng udlægger han hændelser i sin samtid ved at bruge den typologiske og den historiske fortolkningsmetode. Den bagvedliggende tanke er, at hvad der skete dengang, altså i bibelsk tid, også sker nu. Personer ændres, og tid og rum overskrides, men alt bliver i sidste ende indsat i en bibelsk sammenhæng. Augustin er en af de historieskrivere, der fortsætter Eusebius' universalhistorie. Som allerede nævnt lader han *Bibelens* centrale skikkelser være paradigmet for inddelingen i syv verdensaldre. Det vil sige, at de syv verdensaldre er nøje forbundet til den genealogi, der hos Eusebius er et resultat af skabelsens udvidelse.

Selvom Orderiks værk også er en universalhistorie, er han ikke en af Eusebius' efterfølgere. Orderik forvalter sit indhold på en måde, der adskiller sig fra den traditionelle. For nok er det vigtigt med en rigtig oprindelse. Men rigtig i forhold til hvad? Interessen i at føre et folk tilbage til dets oprindelse deler Orderik med Eusebius. Men hos Orderik har oprindelsens kilde fået en ny udformning. Han fører ikke normannerne tilbage til Adam og Noa, men til trojanerne og skytherne. Dermed bryder Orderik den kæde, der blev sat i gang af Eusebius. Det viser, at Orderiks historieværk ikke er en bevidstløs skriven-sig-ind i traditionen.

Måden, hvorpå Orderik forstår betegnelsen »normanner«, er heller ikke af ny dato. Det er almindeligt at anse selve tegnet for

---

[44]Bloch, 1983, s. 38.

at være i overensstemmelse med det betegnedes væsen. I flere bibelske navne er der ikke noget skel mellem det betegnede og betegnelsen. »Abraham« og »Israel« er ikke vilkårlige etiketter, der er hæftet på tilfældige personer. Netop dét bestemte navn siger noget om netop dén bestemte person. En sådan sproglig epistemologi vidner om en stærk tro på tegnenes medierende magt. Men også her bryder Orderik forbindelsen til den bibelske fortid: »Normanner« viser tilbage til en hedensk fortid.

Fordi det ikke er *Bibelens* skikkelser, der udgør normannernes fundament, bliver det nødvendigt at indsætte en ny grundlæggelseshistorie i værket. De historieskrivere, der følger Eusebius, behøver ikke at skrive en grundlæggelseshistorie. De hægter nationernes historie fast på det frelseshistoriske skema: De enkelte nationer betragtes som Israels efterfølgere. Grundlæggelseshistorien kan betragtes som et tegn. Selve dens tilstedeværelse i værket peger på, at oprindelse og fortid er vigtige temaer. Men det er i særdeleshed den måde, som Orderik forvalter grundlæggelseshistorien på, der er afgørende: Orderik drejer dens indhold og retter det mod en ny referent. Tegnet viser hen mod noget nyt. Normannerne nedstammer ikke i lige linie fra Noa, og Normandiet er ikke et led i rækken af Israels efterfølgere. Normandiet har sin selvgyldige oprindelse i Troja og dermed sin egen integritet. Derved bryder Orderik med den opfattelse, at hver nation er et af Gud udvalgt folk, der på skift ledes gennem historien. Formmæssigt holder han sig inden for traditionen, og han har for så vidt den traditionelle forestilling om, hvad der er vigtigt. For eksempel at det er vigtigt med den rigtige oprindelse. Fordi Orderik bliver i den traditionelle form, nedbryder han den universelle frelseshistorie indefra. Bruddet opstår, ved at han ændrer det, som indholdet refererer til. På sin vis er han fanget af den traditionelle udtryksform. Som kristen historieskriver kender han ikke en alternativ måde at udtrykke sig på.

## Nationalstatens opståen

Men hvilke faktorer er bestemmende for, at Orderik på visse punkter fjerner sig fra den tradition, der har hersket siden Eusebius og Augustin? I Orderiks samtid oplever Normandiet en national-politisk guldalder. Erobringerne af England og Apulien og normannernes aktive deltagelse i det første korstog gør Normandiet til en magtfuld nation. Det er en nation, der ved sine handlinger præger verden. Den er med til at forme og kortlægge Europa. Selvom Orderik på visse punkter bryder med traditionen, betyder det ikke nødvendigvis, at han med en seers klarsyn gennemskuer historien. Fordi han beskriver sin omverden, er det snarere de ting, der sker omkring ham, der fjerner ham fra det traditionelle historiesyn: Han rives med af sit materiale. Traditionelt opfattes hændelser i historien som manifestationer af en uudtømmelig symbolsk verden. Det symbolske er vertikalt, men Orderik drejer så at sige denne bevægelse og koncentrerer sig om et horisontalt plan: det historiske. Han ser, at de normanniske hertugers handlinger har nogle konsekvenser i historien. Orderiks værk vidner derved om en stigende historicitet. Groft sagt bliver det, der er bestemt af den symbolske verden, reduceret til et stykke hagiografi indsat i den profane nationalhistorie. Lægfolkets handlinger er dominerende i værket, fordi det er deres handlinger, der møder historieskriverens blik. Historien fylder sågar nok til, at den slører blikket for eskatologien. Der er intet fremtidsperspektiv hos Orderik. De ting, der er bestemt på et vertikalt plan, altså i en bevægelse mellem historien og sandheden, er truet af denne historicitet: Manifestationerne fra det symbolske rum mangler. Orderik siger, at »stoffet øges rigelig for veltalende historieskrivere«[45]. Orderiks materiale møder ham som en overvældende masse, hvilket vanskeliggør hans bestræbelser på at finde ind til det signifikante, der ligger bag historiens overflade. Han erkender altså, at sandheden med

---

[45]Vital, 1889, bind 2 s. 187, 501 o.a.

tiden er blevet sværere at finde: De mange hændelser, der udspiller sig på historiens scene, gør det besværligt at udskille det væsentlige, nemlig sandheden. Hvis Orderik skal leve op til sin metode, nemlig kravet om objektivitet, må han nødvendigvis skrive om dét, der fylder hans omverden. Formentlig ville munken have foretrukket at skrive om det symbolske rum. Den situation, Orderik befinder sig i, vidner om en konflikt, der har været knap så påtrængende for hans forgængere. Det er ikke nemt både at være munk og historieskriver, medmindre munkens vision stemmer overens med virkeligheden.

Selvom de verdslige begivenheder fylder meget i Orderiks omverden og dermed også i hans værk, regner han stadig med Guds forsyn. Men forsynet har – ligesom fortiden – to skikkelser. Det er Gud, der styrer verdens gang. Gud er en magt, der griber ind i historien og som tildeler mennesket dets lod. Men i visse situationer optræder forsynet personificeret, oftest i skikkelse af Fortuna. Da er det mere en skæbne end en personlig Gud, mennesket er underlagt. Med Fortunas rullende hjul kommer der en vilkårlighed ind i historien. Denne vilkårlighed levner mere plads til menneskelige handlinger end den nødvendighed, der karakteriserer forsynet. Dog: Uanset hvilken skikkelse forsynet iklædes, er historien ikke stedet, hvor mennesket kan udfolde sin frie vilje.

I St. Evrouls grundlæggelseshistorie er det en helgen, der udgør klostrets fundament. I Normandiets grundlæggelseshistorie er helgenen – fundamentet – erstattet af en heroskikkelse, der beskrives som en national helt. Grundlæggelseshistorierne forklarer, hvordan henholdsvis klostret og nationen er opstået. De legitimerer henholdsvis klostrets rettigheder og nationens magt. Den ene grundlæggelseshistorie finder sin sidste årsag i det metafysiske, den anden i historien.

Orderik griber tilbage til fortiden i to skikkelser. Dels til den romerske og græske fortid, antikken, dels til den bibelsk-kristne fortid. En grund til denne tvedeling af fortiden kan være, at han har to modtagergrupper, nemlig lægfolket og munkene. Modtagergruppe er måske for meget sagt. Orderiks værk cirkulerer temmelig sikkert ikke i verdslighedens litterære kredsløb. Det ene eksemplar af *Normanner og angelsaxere* finder snarere sin trygge plads i klostrets bibliotek. Dog afslører værket, at lægfolket er en gruppe i samfundet, Orderik ikke kan ignorere, men bliver nødt til at tage højde for.

I sidste ende er grundlæggelseshistorierne et kunstnerisk tiltag. Men de er mere end blot og bar opspind. Deres blotte tilstedeværelse og måden, de er udformet på, udtrykker en bestemt historieopfattelse. Dét, der animerer normannerne, er trojanernes nobelhed og vikingernes krigerblod. Det vil sige en horisontal legitimitet, der hentes i historien. Dét, der animerer St. Evroul, er forbindelsen til det metafysiske. Det vil sige en vertikal legitimitet, der begrundes ved sandheden. Grundlæggelseshistorierne fortæller mere om, hvad der er vigtigt lige nu, i samtiden, end om fortiden. På Orderiks tid er antikken synonym med autoritet, og derfor tildeler han normannerne et skær af antikkens aura.

Vi ser altså, at fortiden tjener som forklaringsmodel til forhold i nutiden. Eksempelvis er det på grund af dén bestemte afstamning, at normannerne besidder de og de egenskaber. Men bevægelsen går ligeledes den modsatte vej, idet fortiden i andre sammenhænge bestemmes af nutiden. Det er en historieskriver i nutiden, der fylder det for ham og hans tid rigtige indhold i grundlæggelseshistorierne.

Orderiks værk er i høj grad en afspejling af den faktiske virkelighed, som den ser ud lige nu. Der sker forandringer i historien, ikke mindst som en konsekvens af normannernes ekspansion. Orderik ser hvad der rører sig: Forandringerne fører til forfald, og han beklager sin samtid. Forandringerne i virkeligheden tvinger historieværket til at løsrive sig fra den fasttømrede tradition. En stædig klamren-sig til traditionen kunne forhindre historieskriveren i at se, hvad der rører sig i tiden. Resultatet ville være, at værket bliver hængende i en fjern fortid. Da ville det fremstå som stereotypt og anakronistisk.

# 3. DEL
# SKRIFTEN OG SKRIFTLIGGØRELSE

To steder i sjette bog foretrækker Orderik en skriftlig kilde frem for en mundtlig, det gælder i beskrivelserne af henholdsvis St. Evroul og St. Vilhelm.[46] Til sin beskrivelse af St. Vilhelms levned kan han vælge mellem »den tilforladelige beretning, som med kyndig omhu er nedskrevet af fromme lærere« og et »kvad, der jævnligt synges af spillemænd«. Den ene kilde er en skriftlig beretning, der får autoritet ved at kunne føres tilbage til gejstligheden. Spillemændenes kvad, formodentlig en *chanson de geste*, er en mundtlig vise, der cirkulerer i et hofmiljø. I bedste overensstemmelse med, at Orderik lever størstedelen af sit liv i kloster, bliver en lærd altså at foretrække frem for en spillemand. At det skriftligt fikserede tilsyneladende rangerer højere end det mundtlige, hænger sammen med skriftens og skriftlighedens forbindelse til *Bibelen* og hellighed.

## SKRIFTEN INDEN FOR KLOSTRET

*Skriften som frelsesvej*
Formålet med at være munk er at få del i Gudsriget. I en kristen menneskeopfattelse er mennesket principielt syndigt. Det følger ikke af naturen den vej, der fører til frelse. Det lastefulde menneske kæmper derfor en evig kamp med sig selv.

> Pligten byder os efter fædrenes eksempel uafladelig at fly dræbende lediggang og med brændende iver og anstrængt flid lægge vind på nyttige studier og gode sysler. Ti når sindet er således optaget, renses det for laster og udrustes ved den frelsende tugt med et herligt værge mod al synd.[47]

---

[46]Vital, 1889, bind 1 s. 339 om St. Vilhelm (se evt. bilag); bind 1 s. 377-407 om Evroul.

[47]Vital, 1889, bind 1 s. 260.

Pligten hentyder her til Benedict af Nurcias (480-543) munkeregel. Fædrene er de eksemplariske mænd fra fortiden. Orderik henviser eksplicit til den gammeltestamentlige konge Salomon. Men han fremhæver også Vergil og Ovid. Han pointerer derved, at både kristne og hedenske fædre fordømmer lediggang og dovenskab. Dovenskab og ladhed leder munken væk fra frelsesvejen. Derimod har den munk, der holder sig beskæftiget med nyttige studier, fundet et middel til at holde synden på behørig afstand. Nyttige studier og gode sysler har en katarsiseffekt. Igennem de handlinger, der er reguleret af munkeregelen, revses det syndige menneske. Mennesket er ikke kun i kamp med kræfter i det selv, men også med ydre kræfter. Satan er en verdensmagt, der ved sin påvirkning fjerner mennesket fra Gud. Hvis munkene »Beder, læser, synger, skriver...«, altså ikke går ørkesløse omkring, så har de det »bedste middel til at modstå dæmonernes angreb.«[48]

Benedicts munkeregel pålægger alle munke forpligtelsen til studium. Regelen fastsætter et bestemt antal timer dagligt, som skal helliges læsning af religiøse tekster. Regelen opstiller retningslinier for, hvordan læsningen bør finde sted: Skrifterne skal møjsommeligt læses fra ende til anden, de øvrige munke må ikke forstyrres under læsningen etc. Udvalgte munke fungerer som vagter, der sikrer, at læsningen foregår efter forskriften.[49] At studere er således et led i klosterdisciplinen. Det er en regel, der skal overholdes, og derved bliver det en bodsøvelse. Studium er ikke noget, munken fornøjer sig med efter forgodtbefindende. Hverken hvor som helst, eller når som helst læselysten eller skrivekløen melder sig. Munken må ikke læse »uvedkommende fortællinger«, ligesom han ikke må henfalde til dovenskab. I så fald skal han straffes.[50] Det vigtigste er ikke munkens egen vilje

---

[48]Vital, 1889, bind 1 s. 46.
[49]Benedict, 1969, s. 113.
[50]Benedict, 1969, s. 113.

eller øjeblikkelige tilbøjeligheder, men overholdelse af regelen. Ligesom alle andre handlinger er læsningen centreret mod Gud. Ifølge munkeregelen er klostret »Guds hus«[51], og i dette hus arbejder man for at tjene sin herre, og fordi al udfoldelse retter sig mod Gud og reguleres af regelen, er klostret et selvfornægtende rum.

At læse og skrive fungerer som et værn mod truende magter, både de indre og de ydre, og studiet har i den forstand en magisk virkning. På den ene side afværger skriveriet Satan og lasterne, og på den anden side kan munkene ved at studere de hellige skrifter tækkes Gud. Via studierne forsøger munkene at påvirke kræfter, som de ret beset ikke er herre over.

I sine overvejelser over menneskets forhold til dets omverden skelner Augustin mellem at nyde (*frui*) og at bruge (*uti*).[52] At nyde et objekt er at forholde sig til objektet for dets egen skyld. At bruge en genstand er derimod at benytte den i bestræbelserne på at opnå noget andet. At nyde og at bruge er forskellige attituder, der ligger bag enhver menneskelig handling. For Augustin er det eneste objekt, der må nydes den hellige treenighed. Alt andet i tilværelsen bør udelukkende bruges. Ingen handlinger udgør et mål i sig selv, men er altid midler til at nærme sig den guddommelige sandhed. Det underbygger, at munkenes studium ikke er et afslappende afbræk i en ellers reguleret dagligdag.

Orderik lever »overensstemmende med regelens forskrift«, han vandrer »nidkært på guds vej«.[53] Orderiks vandring mod frelsen er ikke en konkret pilgrimsfærd til Jerusalem (så vidt vides). Det er en symbolsk rejse mod det himmelske Jerusalem. Fra han er 10 år og til sin død, lever han i St. Evroul. Hans liv reguleres af munkeregelen: altså af dét, der er foreskrevet.

---

[51]Benedict, 1969, s. 83.
[52]Augustinus, 1993, s. 523-524.
[53]Vital, 1889, bind 1 s. 263.

Frelsesvejen eller bodsvejen går for ham igennem skriften. Han inkarnerer skriften. Men han er ikke udelukkende et medium, der passivt lader sig lede af skriften. Han bruger også skriften aktivt. Idet han begynder at skrive sit historieværk, bevæger han sig ud på sin personlige bodsvej. Denne bodsvej er fra start til slut en fysisk anstrengelse. Han sveder og fryser, og han kæmper mod nidkære brødre. Alene indsamlingen af skrifter, informationer og kilder er et omfattende og møjsommeligt arbejde. Ved rejsens ende og værkets afslutning er han træt og klar til at dø. Da han påbegynder sin rejse (i prologen til tredje bog), fremhæver han, at mennesket i et og alt skal prise Herren. At stræbe efter at komme til en forståelse af Guds væsen er en pligt, der rummer forjættelsen om evig frelse.[54] Lovprisning, frelse og pligt er de tre ord, der mest præcist karakteriserer det fundament, som hans verden er bygget op over. Indholdet i epilogen til det samlede værk er yderst personligt. Epilogen er udtryk for et subjekts bekendelse til sin Gud. Orderik er ved vejs ende: Værket er afsluttet, og hans liv er ved at rinde ud. Han har nu gjort sin pligt. Han har levet efter skriften, og i sit historieværk har han lovprist herren. Den forjættede frelse, som han betonede ved førstgivne lejlighed (i prologen), har ved rejsens afslutning intens betydning for ham. Epilogen har elementer af bøn, lovprisning og bekendelse. Hvor pligten er et påbud, som Orderik selv kan medvirke til at opfylde, er frelsen i sidste ende noget, han kun kan håbe på. Han har gjort sit. Nu kan han blot vente på at få sin straf eller belønning. Orderiks rejse begynder og slutter med håbet om frelse. At skrive værket er en pligt, drivkraften og den personlige motivation bag affattelsen er dobbelt, den indeholder på en og samme gang ønsket om at lovprise Gud og håbet om personlig frelse.

Orderiks studium indeholder to overordnede aspekter. For det første er det hans personlige frelsesvej. Klostret er et selvfor-

---

[54]Vital, 1889, bind 1 s. 11.

nægtende rum, men netop i dette selvfornægtende rum har han muligheden for at øve selvfrelse. For det andet er studierne et bevis på, at han indordner sig i klostrets hierarki. Abbeden betegnes i munkeregelen som Kristi stedfortræder, og munkene er hans disciple. Ved at skrive historieværket opfylder Orderik det krav, abbeden stiller til ham. Han er lydig over for sin herre. Orderik giver udtryk for, at han står i gæld til sine medbrødre, fordi de modtog ham med åbne arme, da han kom til St. Evroul som oblat. At påtage sig det arbejde, som brødrene værger sig imod, er en måde at vise sin taknemmelighed på. Orderik indgår i munkenes fællesskab, han kender sin plads og er ydmyg overfor brødrene. Den symbolske rejse resulterer i *Normanner og angelsaxere*. Selve det færdige værk får også betydning for abbeden og de øvrige munke. At læse og granske i Orderiks bodsværk kan blive et frelsesmiddel for dem.

*Tekst og tekstforståelse*
Skriftlighed er i bund og grund forbundet til hellighed. I *Bibelen* har den guddommelige sandhed fundet sit skriftlige udtryk. Orderik udtrykker det således:

> ...hans egenskaber lægger sig for dagen på hvert blad i den gamle og den ny Pagts bog og er genstand for enhver vis og forstandig mands gransken og grunden,...[55]

*Bibelen* er den eneste tekst, der indeholder åbenbaringen. Alle andre tekster er menneskelige produkter. Det er alene fornødent at studere den Hellige Skrift, som besidder »dybe lærdomme«.[56] Munkenes tekstbegreb er snævert: *Bibelen* er skriften. Det underbygges af, at det latinske ord *bibliotheca* i den tidlige middelalder betegner *Bibelen,* først efterhånden bliver det betegnelsen for

---
[55]Vital, 1889, bind 1 s. 11.
[56]Vital, 1889, bind 1 s. 26.

en bogsamling.[57] De »uvedkommende fortællinger«[58], som munkereglen advarer imod, blegner ved siden af *Bibelen*. Det er formentlig latinske klassikere, græske historieværker og lignende. Altså den mængde af antik litteratur, der ikke er værdifuld (for frelsen), men dog kendt i klostrene.

At kunne tyde *Bibelen* kræver indviethed i skriftens mysterium: Man skal have lært at læse og skrive. Og det har munkene. Orderik selv har brugt fem år på at tilegne sig skriftsproget.[59] Dog afslører den benedictinske munkeregel, at der er et åndshierarki blandt munkene. Reglen tager nemlig sine forbehold, og de munke, der ikke er i stand til at læse eller studere, bliver pålagt et andet stykke arbejde.[60] Det er således ikke enhver, men kun de særligt privilegerede, der igennem skriftkyndighed (måske) bliver indviet i den guddommelige sandhed.

De vise og forstandige mænd, som nyder den største anseelse, er kirkefædrene. Det snævre tekstbegreb følges op af et snævert autoritetsbegreb. De skrifter, der indeholder kirkefædrenes udlægninger af *Bibelen*, rangerer sig ind lige under den Hellige Skrift. Det er blandt andre tre af de autoritative fædre Origenes, Tertullian og Augustin, der udvikler metoderne til bibeleksegese. Tydningen eller udlægningen af den Hellige Skrift foregår på fire niveauer: For det første på et historisk eller bogstaveligt niveau (*sensus spirituales*). For det andet på et allegorisk niveau (*sensus allegoricus*), hvor hvert enkelt træk i *Bibelen* menes at have en dybere mening: At der bag det åbenlyse skjuler sig noget overført andet. For det tredje det moralske eller typologiske niveau (*sensus moralis/tropologicus*), hvor teksten – og det vil sige *Bibelen* – indeholder et budskab, som den enkelte skal forholde sig til. Og for det fjerde det anagogiske eller det eskatologiske

---

[57]Benedict, 1969, s. 208.
[58]Benedikt, 1969, s. 113.
[59]Vital, 1889, bind 3 s. 453.
[60]Benedict, 1969, s. 113.

niveau (*sensus anagogicus*), som angår de frelseshistoriske eller mytiske forhold. »Jerusalem« kan – som illustrerende eksempel – udlægges på de fire niveauer. »Jerusalem« kan henvise til den konkrete by i Mellemøsten (bogstaveligt), til *ecclesia* eller kirken som kollektivt samfund (allegorisk), til sjælen eller sindet forstået som en valfartsplads på samme måde som byen er det (moralsk). Og endelig kan »Jerusalem« henvise til det ny himmelske Jerusalem.[61]

Kirkefædrene fortolker *Bibelen* på hver sin måde. Ingen af dem holder sig entydigt til et af de fire niveauer, men hver især fremhæver de en eller flere af metoderne for at sætte de øvrige i baggrunden. Tertullian, der virker i Nordafrika i det 2. århundrede, betoner den bogstavelige fortolkningsmetode.[62] Han forstår alt i *Bibelen* bogstaveligt som konkrete, historiske fakta. Origenes er Tertullians samtidige, men virker i en anden geografisk del af kirken, nemlig i Ægypten og Syrien. Hos Origenes overskygges det historiske og bogstavelige af en mere spirituel, allegorisk og etisk fortolkningsmåde.[63] Tertullian og Origenes trækker således i hver sin retning: Der er dels tale om en historisk og konkret forståelse af *Bibelen*, dels om en mere abstrakt fremlægning af denne. Augustin virker cirka et århundrede senere end Tertullian og Origenes. Han skriver i forlængelse af disse og udgør på sin vis et kompromis mellem de to retninger. Han betragter *Det Gamle Testamente*, den gamle pagts bog, som en konkret historisk realitet, der præfigurerer *Det Nye Testamente*, den nye pagts bog. Han afviser dog ikke kategorisk den allegoriske fortolkningsmåde. Men den skjulte mening, der kan findes i visse skrifter, optræder ifølge Augustin ikke alene. Hvor han finder en skjult mening, er der ligeledes tale om en

---

[61]Eksemplet er hentet i *Dansk litteraturhistorie*, 1990, bind 1 s. 223.
[62]Auerbach, 1959, s. 30.
[63]Auerbach, 1959, s. 36.

typologi.[64] Augustin opstiller også en art sprogteori[65], hvor han blandt andet argumenterer for, at distinktionen mellem at bruge og at nyde i lighed med alt andet også bør lede menneskets attitude over for den Hellige Skrift. Ord skal bruges, ikke nydes. For Augustin betyder det, at ordene ikke skal betragtes som ting i sig selv, men som tegn, der viser ud over sig selv. Vi kan med god ret indvende, at det er indlysende, idet ord altid er referentielle. Ordet stol peger ud over sig selv og henviser til »stol«, altså til noget at sidde på. Men *Bibelens* ord refererer også til noget, der ligger hinsides den fysiske virkelighed. De peger på den spirituelle sandhed, og i den forstand er ord i den Hellige Skrift transparente. Forsøget på at løse en krydsord eller på at begå et formfuldendt digt ville være at nyde ordene for deres egen skyld. Det ville Augustin bandlyse. Ovenstående er tænkt som en kort redegørelse af kirkefædrenes hovedpointer med hensyn til bibeleksegese. En grundig undersøgelse kræver en studie for sig. Men på trods af den forenklede fremstilling giver redegørelsen et billede af indholdet i de skrifter, som stadig har autoritet 900 år senere end affattelsestidspunktet. Den firedelte fortolkningsmåde er på Orderiks tid stadig normgivende i munkenes studier. Det er fortidens fædre, der giver de nulevende munke fortolkningsnøglen til den Hellige Skrift. De, der behersker skriften, altså kan læse og skrive, har derved en potentiel mulighed for at forstå åbenbaringen. I den forstand er de skriftkyndige nærmere Gud end de ikke-skriftkyndige, der tilhører en ganske anden kategori af mennesker.

Skriftlige gøremål består hovedsageligt i affattelsen af liturgiske tekster samt i afskrivning og kommentering af fortidens autoritative skrifter. Orderik nævner i rosende vendinger de munke, der har frembragt musikalsk materiale, vespersalmer, *antifoner*, re-

---

[64]Auerbach, 1959, s. 38.
[65]Augustinus, 1993, s. 535-539.

*sponser* etc. til St. Evrouls liturgi.[66] Han fremhæver klostrets første abbed, Theoderik, som en mester i skriften. Theoderik efterlader sig liturgiske tekster, og med sine afskriveres hjælp påbegynder han opbygningen af St. Evrouls bibliotek.[67] De liturgiske tekster er tilpasset det enkelte klosters specifikke situation. Hagiografien om Evroul kan være interessant for andre klostre, men er i sagens natur essentiel netop for St. Evroul. De relikvier, klostret er i besiddelse af, de tilgængelige bøger, klostrets forhold til omverdenen etc. præger liturgien. Derimod har skrifterne fra fortiden generel betydning. Den fælles interesse giver basis for udveksling af skrifter klostrene imellem. Orderik har ved flere lejligheder chancen for at studere bøger, der tilhører andre klostre. Dette enten fordi tilrejsende munke medbringer bøger til St. Evroul, eller fordi Orderik på sine rejser har mulighed for at bese andre klostres biblioteker.[68]

Både bøger og relikvier har en hellig aura. Det er prestigefyldt at være i besiddelse af et omfattende bibliotek. Bøger er, ligesom relikvier, statussymboler. Orderik fremhæver klostret i Bec (under Lanfrank) som et forbillede. Dets bibliotek indeholder de »skatte«, der lægger grunden til normannernes »boglærdom«.[69] Ligeledes er både helgeners jordiske rester og bøger et mål for pilgrimme. Relikvier og bøger kan under ét betragtes som formidlende instanser mellem den synlige og den usynlige verden. Hvor relikvier er fysiske beviser på den spirituelle virkelighed, er bøgerne (i særdeleshed *Bibelen*) et middel til at få indsigt i Guds visdom. I betragtning af den møjsommelighed, hvormed bøgerne skrives, den tid, det tager at kopiere omfattende værker, samt bøgernes relikvielignende status, er det et stort tab, hvis bøgerne mistes. På linje med alle ting, der har værdi for et folk,

---

[66]Vital, 1889, bind 1 s. 89.
[67]Vital, 1889, bind 1 s. 44.
[68]Vital, 1889, bind 1 s. 142, 339; bind 3 s. 347.
[69]Vital, 1889, bind 1 s. 195.

er både bøger og relikvier et oplagt angrebsmål for fjender. Orderik beklager hyppigt, at bøger bliver offer for fjenders brand og hærgen.[70] Tabet af bøger, de bibelske tekster og kirkefædrenes, har både konsekvenser på et vertikalt og på et horisontalt plan. Uden *Bibelen* vanskeliggøres bestræbelserne på at få indsigt i det guddommelige. På det horisontale plan medfører tabet, at kommunikationen mellem fortiden og nutiden bliver brudt. Munkene mister muligheden for at granske fædrenes værker: De autoritære udlægninger tabes for eftertiden. Det mest ulykkelige ved situationen er dog, at forfædrene tidsligt er tættere på sandheden, end de nutidige skriftkyndige er det, og uden bøgerne som formidlende instans mellem den glorværdige fortid og den faldne nutid forøges afstanden yderligere. Sammenligningen mellem relikvier og bøger får yderligere substans ved, at begge dele er levninger fra en svunden tid. Både relikvier og bøger er repræsentanter fra fortiden i nutiden. Deres tilstedeværelse gør det muligt for fortiden at spille en aktiv og betydningsfuld rolle her og nu. Derfor kan man sige, at både relikvier og bøger rumliggør tiden.

*Historiografi og liturgi*
Orderiks personlige indsats som herrens tjener resulterer i et historieværk. Han vil fortælle om de begivenheder, der dag for dag finder sted i verden.[71] Det synes paradoksalt, at den verdensforsagende munk beskæftiger sig med den verden, som han ved at leve i kloster vender ryggen. Følgende overvejelser kan muligvis opbløde denne modsigelse. Historiografien og hagiografien er ikke væsensforskellige, idet den intention, der ligger bag historiografien, ikke adskiller sig fra intentionen bag liturgiske tekster. Disse overlapninger viser, at genrebegrebet er flydende. Tekster lader sig vanskeligt fastlåse i en fasttømret kategori.

---

[70] Vital, 1889, bind 1 s. 190, 393 o.a.
[71] Vital, 1889, bind 2 s. 187.

Dette gælder i særdeleshed for middelalderlige tekster, der på trods af mange forskellige særpræg hyppigt bygger på et teologisk helhedssyn.

Liturgiske tekster har tydelige ceremonielle og sakrale formål. De er væsentlige led i menneskets guds-tjeneste. Om historiografien siger Orderik følgende:

> Om verdens løb og de menneskelige anliggender må der imidlertid skrives med sanddru pen; og krøniken må fortælles til alle tings skabers og retfærdige styrers pris og ære. Ti verdens evige ophav arbejder indtil nu og styrer alt på underlig vis;...[72]

Citatet udtrykker den tanke, at verden er Guds værk og som sådan under Guds forsyn. Orderik skriver godt nok om verdens løb, men han gør det for at ære Gud. Ovenstående citat og mange lignende tilkendegivelser viser, at Orderik ikke forveksler middel og mål: Hans motiv er i et og alt at prise Herren. Historieværket kan derfor betragtes som en indirekte eller kamufleret liturgisk tekst. Historiografien og de liturgiske tekster er to forskellige veje, der fører til det samme mål – lovprisning af Herren.

R. D. Ray gør opmærksom på, at i klostre har historieværker været benyttet til højtlæsning i bestemte afsnit af det regulerede døgn, i *lectio divina* og i *horarium*.[73] Det vil altså sige, at de på linje med eksempelvis salmer og hagiografier har tjent et liturgisk eller kultisk formål. Historieværkerne har da været en form for liturgi. Det er altså muligt, at Orderiks værk ikke blot deler intention med de rendyrkede liturgiske tekster, men også funktion. Hvad vi ikke kan se i Kierkegaards oversættelse er, at Orderik i originalmanuskriptet bruger punktuation. Punktuationen er møntet på at afhjælpe læsningen. Den er et stilistisk træk, der viser, hvor læseren skal holde pause, hæve eller sænke

---

[72]Vital, 1889, bind 1 s. 336.
[73]Ray, 1974, s. 30-32.

stemmen, og hvilke ord der skal lægges tryk på.[74] Punktuationen er dog ikke i sig selv bevis på, at Orderiks værk er beregnet til liturgisk højtlæsning. Det er snarere reglen end undtagelsen, at munkene under deres private studier fremsiger ordene.[75] Punktuationen kan derfor også være en hjælp til den, der læser for sig selv. Uanset om Orderiks værk har haft liturgisk funktion eller ej, er Orderiks motivering ønsket om at lovprise sin herre, og i den forstand fremstår værket som en hymne eller en lovprisning.

*Orderiks studium*
Orderik udvider det snævre tekstbegreb. Han opstiller en anden tekst ved siden af *Bibelen*: Verden bliver en tillægstekst. *Bibelen* kan læses symbolsk, den rummer mere end det tilsyneladende. Den er en uudtømmelig kilde for lærde mænd. Men verden er også dyb, også den kan aflæses. Forskellen mellem de to tekster (verdenen og *Bibelen*) udlignes ved, at de er to udtryk for Guds tanke. Samtidig med at verden er det sted, hvor mennesket er henvist til at leve, er det et analyseobjekt, der kan behandles med de samme redskaber som skrifterne. Historieskrivning er da heller ikke betegnelsen for en selvstændig videnskab eller disciplin, at skrive historie er det samme som at øve teologi: Det af Gud skabte udforskes og undersøges, for at mennesket kan komme til rette med det guddommelige.

Som følgende citat illustrerer, undlader Orderik dog at udlægge verden. Han beskriver den:

> I den hellige skrift ser jeg meget, som så snildt er afpasset efter vore tiders vilkår, at ligheden er iöjnefaldende. Men de allegoriske hentydninger og de på menneskenaturen anvendelige fortolkninger af samme vil jeg overlade til de lærde at udfinde og vil endnu en lille stund stræbe efter at fortsætte min enfoldige beretning om tildragelserne i Normandiet.[76]

---

[74]Chibnall, 1980, vol. 1 s. 109.
[75]Chaytor, 1941-42, s. 49; s. 51-52.
[76]Vital, 1889, bind 2 s. 95.

Ved udelukkende at beskrive lader han fortolkningsmulighederne stå åbne. Han lukker ikke de enkelte beretninger ved at konkludere noget ud fra dem. Det lader han være op til læseren. Det er i den forbindelse, at værket kan fungere som frelsesmiddel for medbrødrene. De kan ved hjælp af de fire fortolkningsmetoder forløse den mening, der ligger implicit i materialet. Meningen er givet, den er der altid allerede: Det gælder blot om at finde den. Dette hvad enten materialet er *Normanner og angelsaxere*, eller det er *Bibelen*.

Eusebius' *Historia ecclesiastica* laver en syntese mellem *Bibelen* og historien. Historien betragtes som en udvidelse af skabelsen, hvilket gør det muligt at fortolke hændelser i historien ud fra et frelseshistorisk skema. Tanken er, at de ting, der virkelig giver mening til historien, først bliver synlige i afsløringen eller fortolkningen af *Bibelen*. Dette er naturligvis én forklaring på den store betydning, som *Bibelen* har. Den er paradigme. Den opstiller grænser. Historien fastlåses inden for det rum, *Bibelen* bygger.[77] Tre tilkendegivelser fra Orderik viser dog, at han afviger fra det frelseshistoriske skema.

For det første hans udtalelse om de manglende mirakler.[78] Dette skal ses i sammenhæng med hans opfattelse af nutiden. Samtiden savner manifestationer fra Gud, og Orderik beklager, at det er nødvendigt at se sig godt omkring for at få øje på mirakler. Orderik forventer altså at finde mirakler igennem sin bogstavelige, historiske erfaring. Dette i modsætning til den, der forventer at finde miraklerne i historien ved at afsløre *Bibelens* hemmeligheder. Orderik søger strengt taget efter empiriske mirakler.

---

[77]Robert Hanning laver en læseværdig undersøgelse af de måder, hvorpå historieskrivere (fra 6. årh. til 12.årh.) fortolker historien ud fra de frelseshistoriske normer. Han lader Gilda, Beda, *Historia Brittonum* og Geoffrey af Monmouth være eksempler på en udvikling, der bevæger sig fra tilpasning til løsrivelse. Hanning, 1966.

[78]Vital, 1889, bind 1 s. 263.

Den anden tilkendegivelse hænger sammen med dette. Orderik overlader det til andre at fortolke de menneskelige anliggender allegorisk. Det interessante er, at han ikke afviser, at der kunne være en parallelitet mellem samtiden og *Bibelen*. Men han fravælger personligt at fortolke de menneskelige anliggender ud fra denne sammenhæng. Han foretrækker at lade sine beskrivelser bero på det, han selv erfarer, frem for umiddelbart at indsætte dem i det frelseshistoriske skema.

For det tredje henleder Orderik opmærksomheden på *Merlins bog*. Spåmanden og magikeren Merlin bliver blandt andet omtalt af Geoffrey af Monmouth, og han er en central skikkelse i Arthur-romanerne. Om Merlin siges, at han har skrevet to bøger. Orderik skriver, at han selv har set mange af Merlins profetier blive opfyldt i de hændelser, der udspiller sig omkring ham. Et sted uddyber han den sammenhæng, han ser mellem Merlins profeti og dens opfyldelse, hvorefter han siger:

> På samme vis, som jeg her, må de lærde nu søge at finde klar mening også i det øvrige. Meget endnu kunne jeg sige til udlægning af disse spådomme, i fald jeg vilde tage mig for at skrive en kommentar over Merlin.[79]

Her benytter Orderik de kendte fortolkningsmetoder, men ændrer ved udgangspunktet: Han forholder ikke alene historien til *Bibelen*, men også til *Merlins bog*.

Hvis de kritiske røster (de gøende hundes gluffen), som Orderik hentyder til, dækker over en reel situation, kan klagerne meget vel være møntet på tilkendegivelser som disse. Orderik efterlever i bemærkelsesværdig høj grad udtalelserne om at skrive om verdens løb. Medbrødrene savner formentlig flere eksplicitte sammenligninger, typologier, allegorier etc. – Vel at mærke hvor sammenligningsgrundlaget og paradigmet er *Bibelen*. Hos Orderik fungerer *Bibelen* mere som en (hyppigt brugt)

---

[79]Vital, 1889, bind 3 s. 317.

retorisk stilfigur, end den er en enhedsdannende måde at betragte historien på. Klagerne imødegår Orderik på sin vis, ved at han netop overlader til andre at indlæse miraklerne og det frelseshistoriske. Læseren skal selv læse det hellige ind i værket.

## Intermedium

Orderik udvider tekstbegrebet til også at indbefatte verden. Dette er ikke i sig selv epokegørende. Historieskrivningen har altid haft sin (om end ikke højt værdsatte) berettigelse i klostrene. I den sidste ende gør kristusbegivenheden det umuligt at affærdige historiens værdi: Gud er jo trådt ind i historien. At han nu om dage ikke træder ind så hyppigt, er Orderiks fortolkning. Men det påfaldende er, at Orderik i høj grad lader historien tale for sig selv.

Dernæst fordobler han autoritetsbegrebet. Antik tænkning og historieskrivning har fra den tidligste middelalder haft betydning for de kristne fædre. Allerede i udviklingen af kristendommens første dogmer, gør kirkefædrene brug af filosofiens begreber.[80] Kirkefædre og kristne apologeter afviser ikke, at den menneskelige fornuft udvikles til fulde i antikken, men det ændrer imidlertid ikke ved det faktum, at antikkens fornuftstænkning mangler den helt uomgængelige dimension, nemlig åbenbaringen. Derfor har den – for en kristen betragtning – ikke udviklet sig til det højest mulige potentiale. Følgelig må man være på vagt overfor de hedenske tekster. De er vildledende, da de blot er menneskelige forsøg på at finde sandheden. Hos Orderik giver de hedenske forgængere de urørlige, kristne autoriteter værdig konkurrence som sammenligningsgrundlag. Det centrale er, at Orderik benytter hedningerne ganske uforbeholdent. Ovids og Vergils ord har lige så meget autoritet som kirkefædre-

---

[80]For eksempel i læren om treenigheden. Her forsøger kirkefædrene at udtrykke det kristne gudsbegrebs egenart ved hjælp af begreber hentet fra græsk filosofi (nyplatonisme).

nes. Ved at inddrage disse lægger han de beretninger, der hidtil har været indhyllet i mørke, frem i visdommens klare lys. Dette kan ses som et resultat af, at han først og fremmest vil beskæftige sig med verden og de menneskelige anliggender. Han forholder sig jo til tillægsteksten og ikke udelukkende til *Bibelen*. De hedenske forfædre får betydning, fordi de er humanistisk orienterede. De beskæftiger sig med menneskets situation i det dennesidige, forstås. Netop derfor kan de give støtte til og vejledning om menneskets situation i historien.

Merlin skal ikke forbindes til antikken, han er en skikkelse fra fortiden. Han »overgav i figurlige ord sine spådomme til bøgerne«.[81] *Merlins bog* er i lighed med *Bibelen* en fortolkningsnøgle til historien. Selvom denne profet optræder uden for *Bibelen*, altså et andet sted i fortiden, har hans spådomme alligevel deres berettigelse.

Der er dog ikke nødvendigvis overensstemmelse mellem det, Orderik siger og det, han gør. Skriver han, hvad han observerer, eller skriver han teologi? Selvom nogle af Orderiks tilkendegivelser ikke umiddelbart kan forenes med de frelseshistoriske normer, må vi ikke glemme det faktum, at han genbruger Eusebius' titel til sit historieværk, nemlig *Historia ecclesiastica*. Uanset hvad der i øvrigt fyldes ind i værket, så associerer denne titel autoritet og tradition.

## SKRIFTEN UDEN FOR KLOSTRET

*Gavebreve*
Orderik indsætter en række gavebreve i sit historieværk. Formålet med disse er at sikre St. Evrouls retmæssige ejendom og privilegier. En af transaktionerne giver Orderik en tredobbelt legitimitet. Først henviser han til den oprindelige givers stadfæ-

---

[81] Vital, 1889, bind 3 s. 313.

stelse (Peter af Maule). Dernæst til dennes søn, der stadfæster faderens transaktion. Dette er vigtigt, da sønnen (Ansold af Maule) kunne hævde, at det ikke er St. Evroul, men ham selv, der er faderens retmæssige arving. Og til sidst henviser Orderik til et kongeligt gavebrev, hvori kong Filip stadfæster, at alle de modtagne gaver er St. Evrouls retmæssige ejendom.[82] Stadfæstelserne er vigtige, fordi de giver dokumenterne deres endegyldige autoritet. Overordnet set bevidner gavebrevene St. Evrouls rettigheder. I den forbindelse betragter Orderik de skriftlige dokumenter som vigtige, ellers behøvede han ikke at referere til dem.

Nogle af gavebrevene er ganske korte. De oplyser om gavens størrelse og navnet på giveren. Andre gavebreve har et fortællende præg. Disse detaljerede gavebreve giver faktuelle oplysninger: giverens navn, modtageren og gavens indhold. Men de fortæller ligeledes om vidners tilstedeværelse og gengiver den ordlyd, der følger transaktionen. De beretter om giverens motiv for overdragelsen, trusler mod den, der eventuelt måtte lægge hånd på gaverne og lignende.[83] Peter af Maules gavebrev er nedskrevet retrospektivt. Brevet fortæller, at der sammenkaldes til forsamling, at vidner må være til stede, og at skødet eller pantet må placeres på altret. Beskrivelsen af transaktionen vidner om en tid, hvor selve ceremonien og de verbale udtryk er mere betydningsfulde end et stadfæstet gavebrev.

Vigtigheden af vidnernes tilstedeværelse peger på en tradition, der betragter den kollektive forsamlings overværelse af transaktionen som altafgørende. I et mundtligt samfund ligger hovedvægten på vidnerne. Vidnerne bærer overdragelsen i sig, og de kan bevidne transaktionen for den efterfølgende generation. Efter at have refereret Peter af Maules gavebrev opremser Orderik ikke mindre end 14 navngivne vidner, bl.a. »Maules

---

[82]Vital, 1889, bind 1 s. 315-319, 324, 332.
[83]Vital, 1889, bind 1 s. 315-319, 304.

anseligste mænd«.[84] At Orderik tilføjer navnene på disse mænd, viser, at han – på trods af, at transaktionen er fikseret skriftligt – betragter det som en ekstra bekræftigelse at kunne nævne en række vidner. Pantet er et symbol på transaktionen. Det er ligegyldigt, hvad pantet består af, det kan som i et af eksemplerne hos Orderik være et par handsker, det kan være en bog, en kniv eller for den sags skyld en trægren. Pantet er ikke en brugsgenstand, men et synligt udtryk for en mundtlig tilkendegivelse. Pantet tjener til at afhjælpe erindringen, sådan at når vidnerne ser pantet, husker de de dermed forbundne begivenheder. Pantet kan sammenlignes med en souvenir. Når jeg ser mit askebæger, hvorpå der står Harzen, mindes jeg min skønne ferie i det tyske. Altret er en uomgængelig rekvisit i ceremonierne. Er det muligt, placeres gaverne direkte på altret, hvis ikke, placeres dét, der symboliserer gaven på det hellige sted.[85] Altret repræsenterer det helliges tilstedeværelse. Ud over giver og modtager inddrager det en tredje part, nemlig Gud. Det vil sige, at transaktionerne sker for både menneskers (vidnernes) og Guds øjne. Der er både et transcendent vidne og en forsamling immanente vidner. Altret er stadig en central rekvisit i de ceremonier, hvor pantet er erstattet af et skøde, altså af et skriftligt dokument. Også her er det uomgængeligt med det helliges tilstedeværelse.

De gavebreve, der nedskrives retrospektivt, er i grunden sekundære vidnesbyrd eller bekræftelser. Deres ordlyd bygger på erindringen om det skete. Når dokumentet nedskrives senere, end transaktionen rent faktisk finder sted, fungerer det som en tillægserindring til vidnerne. Overdragelsen er da fikseret to steder: i vidnernes erindring og i et skriftligt dokument. Dette bevidner, at Orderik lever i en overgangstid. Dét faktum, at transaktionerne fikseres skriftligt, er tegn på, at rettigheder ikke

---

[84]Vital, 1889, bind 1 s. 319.

[85]Vital, 1889, bind 1 s. 311, 318.

længere alene legitimeres ved de metoder, der hører til i et mundtligt samfund. Gavebrevenes betydning og deres tilstedeværelse i Orderiks værk kan ses som et led i en begyndende dokumentkultur. Kontrakter ordnes ikke mand og mand imellem, men ved skriftens mellemkomst. Det ville være forkert entydigt at betragte vidner, pante og mundtlige tilkendegivelser som anakronismer. Fortidens normer og metoder trænger sig stadig på, og Orderik er konservativ, idet han nævner de 14 vidner. Men de traditionelle metoder er på vej til at blive anakronismer. Som vi har set andetsteds i værket, legitimerer Orderik også sit klosters besiddelser metafysisk: I sjette bog er det Evrouls relikvier, ikke skriftlige dokumenter, han refererer til. Dokumenterne kan betragtes som relikviernes tidssvarende afløser. Gavebrevene er et udmærket eksempel på, at skriften også får betydning for lægfolk. De bevidner en skriftlig kommunikation, der går på tværs af klostrets mure. Skriften er undervejs til at blive en afgørende appelinstans, ikke blot i gejstlighedens søgen efter sandheden, men også i forholdet mennesker imellem.

## Guds lov

I undersøgelsen af grundlæggelseshistorierne blev den monastiske og den verdslige linie karakteriseret. Nu til den tredje horisontale linie, den gejstlige. Som det vil vise sig bliver det vanskeligere at skelne denne linie fra de øvrige.

Orderik beskriver normannerne som et tøjlesløst folk. På trods af succes i erobringerne af nye landområder er landets indre forhold præget af interne konflikter og magtkampe. Som et led i en længere reformrække udsteder paven en række skriftlige love. Ved hjælp af disse forsøger gejstligheden at bringe lægfolket ind under Guds lov. Lovene, der udstedes fra paven, siver igennem biskopper og abbeder ud til lægfolk.[86] Det må bemærkes, at de nye love retter sig mod både gejstlige og

---

[86]Vital, 1889, bind 2 s. 196, 200.

lægfolk. Kravet om, at gejstlige skal leve i cølibat, forbudet mod simoni (at gejstlige embeder kan købes for penge) og forbudet mod lægmandsinvestitur (at verdslige personer kan indsætte gejstlige i kirkeligt embede) er direkte henvendt til gejstligheden. Overordnet set er de møntet på en omstyrtelse af egenkirkevæsenet. Kravet om overholdelse af gudsfreden og fastsættelsen af ægteskabsbestemmelser henvender sig derimod til lægfolket. De pavelige dekreters målgruppe er altså »folk af alle stænder«.[87] Dekreterne er led i en generel disciplinering af et helt samfund.

Gudsfredsbevægelsen er et forsøg på at tugte herremændene: Det er et moralsk instrument, hvormed gejstligheden forsøger at stoppe deres kampe. Den forbyder drab, holmgang og røveri på bestemte dage i ugen og på årets helligdage. Den indfører plovhelg: en bonde må ikke dræbes i sit arbejde på marken. Ligeledes er mennesker, der opholder sig i en kirke, kvinder, pilgrimme, munke og købmænd helliget. Ifølge loven skal alle mænd over 12 år sværge på, at de vil overholde bestemmelserne.[88] Måden, som lovene håndteres på, er hård og kontant. Overholdes de ikke, bliver lovbryderen lyst i band. Denne straf er et kraftigt middel: Dén, der ikke overholder lovene, ekskommunikeres, hvilket betyder, at kirken fratager lovbryderen retten til at modtage sakramenterne. Det er altså menneskets sjæls frelse, der står på spil.

Gejstligheden opstiller et nyt lovideal. Konflikter skal ikke længere løses ud fra de forhold, der hersker i hver enkelt sag. De nye love bygger ikke på sædvaner og traditioner. De er nedskrevne og gælder på forhånd i enhver sag. Det lovideal, som mennesket nu skal stræbe efter, er ikke bestemt af en konkret konflikt mellem den og den mand. Det er udledt af de kanoniske love, hvilket i sidste ende betyder, at det er fastsat af Gud.

---

[87]Vital, 1889, bind 2 s. 196.
[88]Vital, 1889, bind 2 s. 201-203.

Der er tale om to væsensforskellige lovtyper. Love, der er bestemt af skik og brug, er kasuistiske love. De er religiøst neutrale og gør ikke nogle guddommelige krav gældende. De tilstræber blot en fornuftig ordning af forholdet mellem mennesker. Det nye lovideal består af kategoriske love. De udtrykker ubetingede forbud, og ord som »ingen må«, »alle skal« er et særkende for disse.[89] For eksempel vil de kasuistiske love ikke kunne stoppe blodfejder, der bygger på uskrevne regler om lovlig gengældelse. Blodfejders hævnaktioner kan fortsætte i det uendelige. Men de kategoriske love vil kunne bryde den kæde af hævnaktioner, som en krænket ære fører med sig. De forbyder jo på forhånd drab under visse betingelser. Hvor de kasuistiske love er verdslige, peger de kategoriske love mod en herre, der med absolut myndighed kan forbyde sine undersåtter at gå imod hans bud. Sager, der dømmes efter gejstlighedens lov, har en transcendent dommer. Når der overhovedet er en immanent dommer, er det den transcendente dommers repræsentant i verden, nemlig Skriften.

Gudsfreden bliver indført i Normandiet i flere omgange, første gang i 1046.[90] Orderik siger, at den stort set ikke får nogen betydning. Dette underbygger hans fasttømrede overbevisning om normannernes krigeriske sind.[91] Hans beretninger viser da også, at lovene ikke formår at stoppe hertugernes kampe. I stedet for at overholde gudsfreden fastholder de i vid udstrækning deres mafiametoder. Som nævnt bliver lovene vedtaget på pavelige konciler. Paven er repræsentant for en universel institution. Når vi husker på, at reformerne også er rettet mod de lokale præster, bliver det klart, at den pavelige instans tilstræber en ny form for hellighed. Egenkirkevæsenet og de

---

[89]Betegnelserne bruges om lovtyperne i *Det gamle testamente*. Eksempel på kategoriske love er *Dekalogen*, hvis særkende er formen »du må ikke...«. Et eksempel på kasuistiske love er: »Hvis en mands okse stanger en anden mands okse, så..«

[90]Vital, 1889, bind 2 s. 201.

[91]Vital, 1889, bind 2 s. 204.

lokale aftaler, som er normerende for lægfolk og lokale præster, lever ikke op til idealet. Gejstlighedens bestræbelser medfører, at kirken indoptager skikke, der oprindeligt er den fremmed. For eksempel er kongedømmet, indgåelse af ægteskab og riddervæsenet oprindeligt sekulære institutioner. Idet kroningsceremonier og velsignelse af ægteskab bringes ind under kirken, udvider den sit rituelle domæne. Den sakraliserer profane institutioner. Forskellen mellem den verdslige og den gejstlige sfære, der hidtil har været trukket skarpt op, bliver delvis udvisket. Det bliver vanskeligere at skelne mellem de to sfærer.

Reformerne skal ikke ses som et isoleret paveligt tiltag, men indsættes i en større sammenhæng. I sidste ende er det munkevæsenet, ikke pavekirken, der baner vejen for reformerne. Cluniacenserne vil, da de i 910 udgår fra benediktinerklostret i Cluny, løsrive sig fra enhver form for lægmandskontrol. Cluniacenserne ønsker at genoprette den oprindelige kristendom. De tilstræber en strikt efterlevelse af de skrevne regler, der er udledt af *Bibelen*, og fjerner sig derved fra de traditionelle benediktinere. De intensiverer helligheden og får ry for at være mere rene og mere hellige end andre gejstlige. Bagmændene til den række af reformer, der udstedes fra paven, er i stor udstrækning cluniacensere.[92] Med de nye love strømmer klostrenes idealer gennem kirken ud til den læge befolkning. Også lægfolkets livsførelse bliver underlagt skriften. Fordi det nye lovideal er udledt af *Bibelen*, foregår disciplineringen på tekstligt niveau, menneskets livsførelse skal altså stemme overens med skriften. Denne sammenblanding af de to sfærer betyder, at værkets horisontale linier ikke kan ses uafhængigt af hinanden. De overlapper hinanden, ligesom forskellen mellem den verdslige og den gejstlige sfære i virkeligheden (uden for værket) bliver mærkelig udefinerbar.

---

[92]Under den pavelige reform hentes kardinaler til Rom, og der opstår en kurie. Flere af paverne er tidligere cluniacensere (f. eks. Gregor d. 7).

Den nye kristendom, som paven vil fremme, består af en genindførelse af den oprindelige kristendom, af den store kristendom, der er universel. Helligheden skal tilføres en ny, gammel intensitet. Sideløbende med at kirken udvider sit rituelle domæne, idealiseres den kristne fortid. Målet er en tilbagevenden til oprindelsen: altså til *Bibelen*. Det vil sige til før den tid, hvor normannernes barbariske forfædre lod sig kristne og tilførte kristendommen nye skikke, og derved dannede grundlag for den lille kristendom, der er lokal.

*Pilgrimsfærd*
Augustin skelner mellem Guds stat og menneskets stat. Dikotomien adskiller mennesket i to kategorier: De, der lever i ånden og de, der lever i kødet. Augustin lader Romerriget og Jerusalem være billeder på de to samfund. Romerriget (menneskets stat) er et historisk storrige og er som alt andet i historien underlagt forfald. Han betragter livet i verden som en vandring, der leder mod den eneste evige by, det hellige Jerusalem (Guds stat).[93] Mennesket skal bruge livet til at nærme sig Gud. De, der lever i kødet, nyder livet for dets egen skyld. Ideelt er livet en pilgrimsrejse fra menneskets selv til Gud. Den tanke, at mennesket lever i eksil og har sin sande hjemstavn et andet sted, udgør den spekulative baggrund for pilgrimsrejser. Her giver lidt etymologiske overvejelser god mening: ordet pilgrim kommer af det latinske *peregrinus*, der betyder fremmed; *peregrinus* stammer igen fra *peregre*, der betyder udenbys, udenlands. En afgørende forskel på Eusebius og Augustin er, at Eusebius mener at kunne se Guds synlige aftryk i historien. Hvor han fremhæver den ydre rejse, er det centrale for Augustin individets indre rejse mod Gud.

Mennesket skal stræbe efter at nærme sig lovidealet. De kategoriske love markerer, at der er en afstand mellem det sted,

---

[93]Cook, 1983, s. 98-112.

mennesket befinder sig og det sted, hvor det burde være. Lovene er nødvendigvis negative, fordi mennesket af natur er syndigt. En pilgrimsfærd kan formindske afstanden mellem det syndige menneske og idealet. Det er selve bevægelsen, der er central, idet den markerer en flugt fra verden. Når pilgrimmen foretager en konkret bevægelse ud i verden og vandrer på sine bare fødder, spæger dette menneske sit legeme og sin sjæl. Det er en ydre handling, der afspejler en indre sindstilstand. Vandringen medfører, at de vante normer slides ned til fordel for en ny åbenhed over for det hellige. Rejsen kan være udtryk for bod eller taknemmelighed. Er pilgrimsrejsen et påbud fra kirken, kan den ses som et led i discipliniseringen af lægfolket. Det er en bodsrejse, der giver kirkelig absolution. En pilgrimsfærd er et potentielt ideal. Ved at drage på pilgrimsfærd kan hertugen eller herremanden vise, at han lever i ånden, at han repræsenterer Guds stat. Pilgrimsfærden er en eksponering af hans tro. Den markerer, at han følger den vej som skriften anviser. Pilgrimmen behøver ikke at gå i kloster, men lader verden uden for klostret være sit frelsesrum. Pilgrimmens bestemmelsessted er et helligsted. Det kan være relikvier eller hellige kilder. Eller det kan være hellige byer, for eksempel Rom og Jerusalem. De store pilgrimsmål understreger, at det hellige ikke befinder sig i normannernes nære omgivelser. Ligesom paven, der håndhæver Guds lov, er en universel instans, som ikke befinder sig i den troendes umiddelbare nærhed, er målet for pilgrimsfærden fjernt. En lokal helgens relikvier er vigtige i den lille kristendom, men Jerusalem er centrum i den store kristendom. Jerusalem repræsenterer det hellige i højeste potens. Normandiet ligger rent geografisk fjernt fra de hellige byer. Men der er tillige en markant tidslig afstand: Jerusalem og Rom er bibelske kilder, det er herfra kristendommen og kirken udspringer. Normandiets hedenske fortid og landets sene omvendelse til kristendommen skaber en distance til kilden, det allerhelligste.

Lægfolket har to forbilleder: munkene og helgenerne. Som allerede nævnt lever helgenen St. Evroul et eksemplarisk liv. Han inkarnerer de dyder, der er essentielle for en sand kristen. Munken Orderik lever efter det, der er foreskrevet. Han inkarnerer skriften. Disse forbilleder følger en bestemt vej gennem livet. Det store paradigme er Kristus. Det er herren, der anviser vejen: Hans liv i historien er en rejse frem mod døden, genopstandelsen og frelsen. Både Evroul og Orderik lever *imitatio Christi*. Efterfølgelsen af Kristus og dét at leve Skriften smelter sammen i betegnelserne *logos* og Kristus. *Johannesevangeliet* udtrykker den tanke, at Guds ord (logos) bliver kød (Jesus).[94] Idet Gud inkarneres og træder ind i historien, nærmer han sig mennesket. Kristus bliver vejviser. Det vil sige, at logos/Kristus og den Hellige Skrift udfylder samme funktion. Gennem *imitatio christi* og i den Hellige Skrift finder mennesket frelsen. Lægfolkets bevægelse ud i verden kan betragtes som et forsøg på at inkarnere skriften. Når lægmanden inkarnerer denne gennem en pilgrimsfærd, transformeres skriften og bliver en del af hans legeme og blod. Derved understreges pilgrimsfærdens sakramentale funktion. Den bliver et sidestykke til nadveren, hvor den troende indoptager Kristi legeme og blod.

*Korstog*
Pilgrimsrejser er ikke ukendte for Orderik. Han mindes med ærefrygt St. Evrouls første abbed Theoderiks pilgrimsrejse. Theoderiks rejsemål er i udgangspunktet det jordiske Jerusalem, men hans endemål bliver det himmelske. Theoderik dør en helgens død undervejs.[95] Orderiks beretninger om pilgrimme afslører, at den potentielle pilgrimsfærd bliver virkeliggjort af forskellige grunde. Motiverne kan være tilfredsstillelse af menneskelige tilbøjeligheder. For en forelsket kvinde, der følger en

---

[94]*Bibelen*, Johannesevangeliet kap. 1, v. 1-18.
[95]Vital, 1889, bind 1 s. 59-63.

ung eventyrer til Jerusalem, ender pilgrimsfærden meget sigende med begges død.[96] Det kan ligeledes være et alternativ til at gå i fjendens tjeneste. Da Vilhelm Clito dør, vælger flere af hans tilhængere at begive sig på pilgrimsfærd, frem for at gå i tjeneste hos Kong Henrik.[97]

Den pilgrimsfærd, som er vigtigst for Orderik, er det første korstog. I Orderiks sprogbrug er korsfareren en pilgrim. Destinationen er Jerusalem, og formålet med denne pilgrimsrejse er at befri den hellige by fra »Tyrker og Perser, Arabere og Agarenere«.[98]

> ...ved guds nådes bistand [grebes] utallige af en mægtig higen efter at drage ud på pilegrimsfærd og fólte sig tilskyndede til at sælge deres godser og for Kristi skyld forlade alt, hvad de havde. Ti både rige og fattige, både mænd og kvinder, både munke og klerke, både byfolk og bønder var opfyldte af en forunderlig lyst til selv at drage til Jerusalem eller stå de bortdragende bi.[99]

I *Apostlenes Gerninger* beskrives en lignende situation, nemlig pinsebegivenheden. Apostlenes mission igangsættes af helligånden, det vil sige af Gud selv. Helligånden kommer over hver enkelt af apostlene og indgyder dem med de rette ord.[100] Normannerne opfyldes ligeledes af en forunderlig lyst til at drage til Jerusalem. Også denne mission er ledet af Gud.

Jerusalem er kristendommens jordiske centrum. Det er her, Jesus dør, og det er her, han genopstår som Kristus. Det er her, Kristus viser sig for apostlene, og det er herfra, deres mission tager sin begyndelse. Formodentligt kender de entusiastiske pilgrimme-in-spe, der beskrives i citatet, udelukkende Jerusalem

---

[96] Vital, 1889, bind 1 s. 313.
[97] Vital, 1889, bind 3 s. 308.
[98] Vital, 1889, bind 2 s. 197.
[99] Vital, 1889, bind 2 s. 198.
[100] *Bibelen*, Apostlenes Gerninger kap. 2, v. 1-4.

fra skriften, *Bibelen*. Men dette kendskab er tilsyneladende stærkt nok. Byen er i ekstrem grad mættet med hellighed, hvilket gør, at den i de kristnes bevidsthed indtager en mytelignende status. Her findes Herrens grav, her sørgede »Kristi venner« for at gemme de helligste relikvier til eftertiden. Således gemte evangelisten Johannes en tot af »guds hellige moder Marias hovedhår«.[101] Selv relikvierne markerer en stigning i intensitet. De er i tidslig og rumlig samdrægtighed med Kristus. Ved at drage til Jerusalem vender pilgrimmene tilbage til de skriftlige (evangeliske) og historiske kilder. Citatet viser, at entusiasterne ligesom Jesu apostle forlader alt hvad de har. Orderik benytter rent stilistisk de evangeliske kilder. Han refererer til apostlenes liv og indsætter derved korstoget i en bibelsk kontekst. Her vægrer han sig altså ikke ved at sammenligne med *Bibelen*.

> Ti Abrahams gud har nys fornyet sine fordums undere; hos de troende i Vesterland har han vakt en brændende iver efter at se Messias's grav;...[han] har alene ved hjælp af pave Urbans formaning lokket og draget dem fra jordens ender og øerne i havet, ligesom han ved hjælp af Moses drog Hebræerne ud af Ægypten; gennem mange fremmede lande har han ført dem lige til Palæstina,...[102]

Når Orderik mange steder i værket i øvrigt undlader at sammenligne nutiden med den bibelske frelseshistorie, skal det ses i sammenhæng med de manglende mirakler. Men netop fordi han opfatter korstoget som et mirakel, er der intet til hinder for at drage paralleller. Korstoget er hans tids store mirakel. Dét er den store undtagelse.

Paradoksalt nok referer Orderik til Gudsfredsbevægelsen og korsfarernes brutale nedslagtninger af hedningerne i samme bog. Hvordan forenes fred og krig i samme Guds navn? Forklaringen ligger lige for: Guds krigere kæmper ikke indbyrdes, men mod

---

[101]Vital, 1889, bind 2 s. 334.
[102]Vital, 1889, bind 2 s. 188.

fjender uden for kristendommen, hedninge. Inden pilgrimmene begiver sig mod Jerusalem, får de syndsforladelse af paven, de fritages fra faste og andre spægelser.[103] Ligesom Orderik i sin beskrivelse af korstoget undtagelsesvis udlægger sin samtid (og ikke blot beskriver), er pilgrimmene i en undtagelsestilstand. Idealerne, som udledes af Guds lov, negligeres til fordel for befrielsen af Jerusalem. Målet helliger pilgrimmenes midler, bogstavelig talt. Ligesom enhver handling i klostret er rettet mod Gud, har pilgrimsfærden et helligt formål. Hedningene kan betragtes som projiceringer ind i den fysiske verden af synden og Satan. Der kæmpes altså to kampe, først de åndelige, som munkene kæmper inden for klostrets mure, dernæst de fysiske, som pilgrimmene i det første korstog kæmper mod kristendommens fjender. Det disciplinerede og regulerede klosterideal bliver ligeledes overført til slagmarken: Først indtager Guds krigere den hellige nadver, derefter rykker de frem »skridt for skridt« i »rask tempo« og »regelmæssig orden«[104]. Som disciplinerede strateger besejrer korsfarerne de »grusomme vilddyr«.[105]

Gejstlighedens forsøg på at disciplinere lægfolkets handlinger, kan eksemplificeres ved at sammenligne to hofmiljøer.[106] Kong Vilhelms vasal Hugo af Avranches lever i moralsk løssluppenhed. Han

> »elskede verden og dens pragt og glimmer«, »han var en altid slagfærdig kriger, øste penge ud med bægge hænder og fandt stort behag i leg og overdådighed, gøglere, heste, hunde og andet lignende tant«.

Hugo nyder livet. Det følge, som han omgiver sig med, udviser ligegyldighed overfor gudstjenesten og lever i kødelig letfældig-

---

[103]Vital, 1889, bind 2 s. 199.

[104]Vital, 1889, bind 2 s. 284-285.

[105]Vital, 1889, bind 2 s. 260.

[106]Vital, 1889, bind 1 s. 337-339 om Hugo; s. 322-323 om Ansold.

hed. Det lykkes dog en klerk i Hugos følge at omvende enkelte af ridderne. Klerkens missionstrategi er at berette om helgener og martyrer: Klerken forsøger at få ridderne til at efterleve sine egne (gejstlighedens) eksemplariske forbilleder. Beretningen om St. Vilhelm bevidner, at dét at være kæmpende ridder ikke udelukker et religiøst sindelag. Begge dele kan optræde på én gang: St. Vilhelm er en hellig stridskæmpe. Når Orderik, som vi har set, fravælger en *chanson de geste*, kan det forklares ved, at afsenderen kunne være en gøgler i Hugos følge, og en sådan kan ikke (som klerken) formidle oplysninger om en helgen.

I modsætning til Hugo befinder Ansold af Maule sig i et kultiveret hofmiljø. Ansold er en eksemplarisk lægmand. Orderiks beskrivelse af ham ligner til forveksling beskrivelserne af St. Evroul og St. Vilhelm. Ansold er dydig, han »lever i selvfornægtende mådehold«, «smagte aldrig frugt i abildgården, druer i vingården og nødder i skoven men spiste kun, hvad der til de regelmæssige tider sattes på bordet«, og han «foregik ved sit selvfornægtende mådehold endog regelbundne munke med et godt eksempel«. Ansold er et ideal for sit følge; han er et verdsligt alternativ til helgenerne. Hans handlinger viser, at lægfolkene er modtagelige over for gejstlighedens bestræbelser på at indskrive den kristne etik i deres handlinger. Ansold bliver ikke mindre eksemplarisk, fordi han har været på ledingsfærd i Grækenland. Også korstoget kan ses i dette lys. Her indsættes krig og ledingsfærd ligeledes i en kristen sammenhæng.

Discipliniseringen sker ved, at gejstligheden gør Guds lov gældende – også uden for egne rækker. De love, der er udledt af skriften, *Bibelen*, skal ikke udelukkende efterleves af de skriftkyndige. Udbredelsen af Guds lov emanerer fra paven og ud til lægfolket. En pilgrimsrejse understreger, at munken, klerken eller hertugen går i Kristi fodspor. Bevægelsen ud i verden markerer, at de følger det foreskrevne. Gejstligheden og verdsligheden indgår i en tekstlig symbiose. De to verdener smelter sammen, i takt med at kirken og klostret (frivilligt) afgiver deres monopol på skriften og det hellige: Klostrets mure er ikke længere uoverstigelige, og forskellen mellem kyndige og ukyndige udjævnes. Udbredelsen af skriften markerer en tilbagevenden til kristendommens kilder. Til den historiske kilde, Jerusalem. Og til den evige kilde, *Bibelen*, det skrevne Guds ord, som ideelt set er altings første og sidste årsag. Skriften er kirkens fortid. Bevægelsen går således bagud til før germaniseringen af kristendommen.

Skriftliggørelsen af lægfolket bliver også fremmet fra verdslig side. Skriften emanerer ikke blot fra paven, men også fra kongen og ned gennem samfundets stænder. Efter erobringen af England optegner Vilhelm en jordebog, *Domesday Book*.[107] Vilhelm fikserer ejendoms- og indkomstforholdene i sit nye kongerige på skrift. Derved får kongen et overblik over sit nye territorium. Ydermere giver han sig selv en instans at referere til, når der opstår stridigheder i det erobrede folk. Hvis ikke oplysningerne om en herremands eller bondes ejendomsforhold er skriftbårne, tilfalder al ejendom kongen. Der er delte meninger om, hvorvidt *Domesday Book* overhovedet bliver taget i brug på Vilhelms tid.[108] Uanset om den har praktisk betydning eller ej, kan den betragtes som et symbol på skriftens stigende betydning. Afgørelser kan nu træffes ved at slå op i en bog, ikke ud fra vidners tilkendegivelser. Gavebreve blev fremhævet som eksempel på en begyndende dokumentkultur, og som appelinstanser for både lægfolk og gejstlige. Både *Domesday Book* og gavebrevene markerer, at skriftlige dokumenter fungerer som autoritativ appelinstans. Traditionelt forbindes skriftkyndighed til kirken og munkene og er i folks bevidsthed omgærdet med et helligt skær. *Domesday Book* (og andre skriftlige dokumenter og optegnelser)

---

[107]Orderik hentyder til *Domesday Book* enkelte steder i sit værk, men kommenterer hverken bogens funktion eller betydning yderligere. Vital, 1889, bind 1 s. 209.

[108]Clanchy, 1979, s. 18-21.

forener et nyt par, nemlig kongen og skriften. *Bibelen*, det skrevne Guds ord, er hellig og autoritativ. Når en konge appelerer til en skriftlig instans, må denne virke tilsvarende i folks bevidsthed. De verdslige dokumenter låner derved sakral prestige og autoritet fra *Bibelen*.

# 4. DEL
# FORTID OG HISTORIE,
# SPROG OG SKRIFT

## HISTORIESKRIVNINGENS METAMORFOSE

*Den sekulære fortid*
En dækkende term for sider af kirkens bestræbelser i 1100-tallet er *renovatio*. Reformprogrammet skal effektuere en renovering og en gen-fornyelse af kristendommen. Målet er en tilbagevenden til oprindelsen, kilden: det vil sige til den Hellige Skrift. Bevægelsen er tidslig, idet nutiden ind-henter fortiden. I og med denne bagudrettede bevægelse undergår kristendommen en rensels e. Den mellemliggende tid fjernes, og der opstår et vakuum mellem fortid (den Hellige Skrift) og nutid. Mellemtiden er tiden, hvor normannere (og andre germanske folkeslag) bliver kristne og indleder den proces, der betegnes som germaniseringen af kristendommen. Dét, kirken fjerner, er det fra den oprindelige kristendom forskellige (det senere tilkomne). Sat på spidsen betyder det, at de tilkomne folkeslags forbindelse til den kristne fortid fjernes. De gøres historieløse, idet deres fortid ikke kan føres tilbage til kilden, den Hellige Skrift. Det vakuum, der opstår mellem nutid og fortid stiller et rum til rådighed, hvori de historieløse folk har mulighed for at skabe sig en ny fortid. En konsekvens af reformerne er, at der sættes fokus på folkeslagenes forskellighed fra kilden. Det betyder, at råderummet ikke nødvendigvis er bundet af kilden, *Bibelen*.

I 1100-tallet bliver der skrevet en række historieværker i det anglo-normanniske rum.[109] Én forklaring på historieskrivningens pludselige opblomstring kan være, at såvel Orderik som for eksempel Vilhelm af Malmesbury og Eadmer udnytter det vakuum, der opstår som en følge af kirkens *renovatio*-bestræbelser. På trods af mange forskelle indeholder deres værker et fælles

---

[109] Hanning, 1966, s. 126.

tema: De fremhæver alle den antikke fortid som et alternativ til *Bibelen*. Selvom fortiden undergår en metamorfose (fra at være bibelsk til at være sekulær), genbruger historieskriverne dele af kirkens principper. De imiterer kirken ved at lade fortiden og oprindelsen være noget efterstræbelsesværdigt. Det er ikke en tilfældig, men en glorværdig fortid, de fremhæver. Genealogierne viser, at det er vigtigt at kunne føre en ubrudt linie bagud i tiden til en kilde, en oprindelse. Dette er en parallel til kirkens apostolske succession, der legitimerer bispers og pavens samhørighed til den kristne tradition. Kirken har altså ikke udspillet sin rolle: Den fungerer som parameter. Ved at genbruge de principper, der legitimerer kirken, tilføres nationernes sekulære fortid en tilsvarende legitimitet. Herved kan nationernes fortid få samme ærværdighed som kirkens, selv om fundamentet er (delvist) sekulariseret. Som vi ser det hos Orderik, er antikken, Karolingerriget, Merlin-skikkelsen etc. elementer, der indgår i fortidsbeskrivelserne. Disse elementer danner nationens selvstændige fundament.

Ved at udbrede Guds lov udvider kirken sine magtbeføjelser. Hvis verdsligheden ikke ønsker at være underlagt kirken, må den manifestere sig som en selvstændig magtfaktor.[110] Fremhævelsen af den sekulære fortid kan ses som en tidsbestemt reaktion mod kirkens forsøg på at underlægge lægfolk skriften.

Helgen- og relikviedyrkelsen, den store interesse i pilgrimsrejser og opbakningen bag korstoget viser, at lægfolk er modtagelige over for kirkens forsøg på at fremme helligheden i tiden. Men parallelt hermed vinder nye skikke og idealer indpas blandt lægfolk. Spillemænd sætter ord på de nye idealer i deres kvad. Disse *chansons de geste* kan omhandle den gejstlige fortid (jævnfør kvadet om St. Vilhelm). Men ofte omhandler de en verdslig

---

[110]I Orderiks værk afspejler magtforholdet mellem kirke og verdslighed sig eksempelvis i et møde mellem kong Henrik og en af romerkirkens legater, cluniacenseren Matthæus. Vital, 1889, bind 3 s. 317-319.

fortid, og typisk udspiller de sig inden for Karolingerriget. Spillemændene griber tilbage til de store gamle dage. Umiddelbart skulle man mene, at samtidens mange forandringer kunne give materiale nok til disse *chansons de geste*. Korstoget er da også et tilbagevendende tema, men korstogsskildringerne er anakronistiske: Det er Karl den Store, ikke hertug Robert af Normandiet, der er på korstog. Ret beset stemmer den skikkelse, som fortiden antager i mange *chansons de geste*, overens med fortidsskildringerne i historieværkerne. Udbredelsen af Guds lov får altså nogle utilsigtede konsekvenser: Historieværkernes og *chanson de gestenes* fremhævelse af den sekulære fortid imødegår kirkens renselse af kristendommen. Ligesom kirken med cluniacensernes opbakning i ryggen reformerer kristendommen, reformerer verdsligheden igennem *chansons de geste* og grundlæggelseshistorierne deres sekulære fortid. Også de tilstræber at overvinde en afstand i tid og betragter tilsyneladende det gamle som værende mere værd end det nye. Modreaktionerne foregår med Orderiks ord nord for alperne. I 1500-tallet finder reformationen sted i samme rum, men allerede i 1100-tallet er der begyndende tegn på en anden måde at være kristne på, end den kristendom, som romerkirken tilstræber.

*Jord og magt*
Mange passager i *Normanner og angelsaxere* afslører et udpræget ønske om at understrege hertugens Normandiet som en nation i sin egen ret. Nationens integritet forsvares både rumligt og tidsligt: Rumligt ved at nationens grænser beskyttes mod ydre fjender, hvorved den geografiske stabilitet bliver understreget. Territoriet står i betydningsmæssig forbindelse til dets folk og dets navn, hvilket legitimerer samhørigheden. Den tidslige legitimitet understreger folkets diakrone samhørighed. Genealogien giver en fælles fortid. Verdslighedens forsøg på at blive en magt ved siden af kirken gør det nødvendigt at fremhæve fortiden, og en glorværdig fortid er identisk med at være et glorværdigt folk.

Orderik tildeler Normandiet og normannerne en fortid. Nationens historie begynder, da Neustrien elimineres. Linien føres tilbage til antikken. Jo længere folkets udspring kan føres tilbage i tiden, jo større værdi har kilden tilsyneladende. Det normanniske folk tildeles sågar et fælles, nationalt karaktertræk, nemlig det krigeriske sindelag, og dette særpræg adskiller normannerne fra andre folkeslag.[111]

I den magtkamp, der udspiller sig i Orderiks samtid, benytter kirken åndelige våben. Guds lov er det skyts, den vender mod lægfolket. Lægfolket giver svar på tiltale ved at legitimere sin magt i historien. For kongen, hertugen eller herremanden er dét at besidde jord identisk med at have magt. Derfor giver det mening, at Normandiets geografiske stabilitet er væsentlig i beskrivelsen af fortiden. Normandiet, som grundfæstet landområde, gøres i fortidsbeskrivelserne konkret og historisk. På samme måde er nationens samtidige ekspansion en konkret og historisk begivenhed. Den øjeblikkelige ekspansion er ligeledes et billede på, at landet i takt med udvidelserne indtager dele af kirkens territorium. Normannerne udvider deres magtbeføjelser og rykker ved magtbalancen i samfundet.

Orderik adskiller personalhistorierne fra nationalhistorien. De enkeltpersoner (både helgener og lægfolk), han skiller ud fra folkemassen, nedstammer typisk fra den verdslige histories sekulære helte: merovingerne eller karolingerne. Disse afstamninger er stereotype, forstået sådan at de fleste dydige eller brave mænd næsten på forudsigelig vis forbindes til Karl den Store eller en anden skikkelse fra fortiden.[112] Personalhistorierne i *Normanner og angelsaxere* viser, at herremændene kæmper en brav kamp for at holde fast på det jordstykke, de mener tilhører dem. At bevare sin jord er altså vigtigt både på et nationalt plan og for

---

[111]Som et notabene kan tilføjes, at Spörl betegner Orderik som »die Sendung des Nationalstaates«. Spörl, 1935, s. 51.

[112]Vital, 1889, bind 1 s. 378; bind 2 s. 291 o.a.

den enkelte herremand. Mange af herremændene opkaldes efter
det landområde, som de bebor. Sammenhængen mellem herremandens navn og hans jordbesiddelser viser, at herremanden
identificerer sig med sin jord. Nogle af de arvestridigheder, som
Orderik beretter om, viser en begyndende tendens til at lade
blodets bånd være legitimerende i forbindelse med arverettigheder.[113] Den enkelte lægmand føler sig mere bundet til sin slægts
besiddelser end til en lord. I et lord-vasal-forhold er det et
synkront netværk, ikke en diakron afstamning, der legitimerer
magt og rettigheder. At legitimere sine rettigheder ved lineære
slægtsforhold og blodets bånd afslører på ny genealogiens store
betydning. Personalhistorierne afslører, at kirkens metoder også
efterlignes af de enkelte slægter. Selv herremændene genbruger
altså kirkens principper.

Der er ret beset tale om to modsatrettede bevægelser: Kirkens
udbredelse af Guds lov kan ses som et forsøg på at imødegå
lægfolkets selvidentifikation ved jordbesiddelser og slægtsrelationer. Den kristne appel om at forlade alt, hvad du har, står i
direkte modsætning til den begyndende aristokratiske tankegang.
De kategoriske love indsætter en overordnet appelinstans. Lovene indikerer, at det ikke er de nære relationer, der er betinget
af slægt og jord, men de overskridende relationer, der er væsentlige. Gud og livet i Kristus gælder for alle: Et liv, der lader
sig lede af *Bibelen*, er løst fra bindende slægtsforbindelser og jordforhold. Ifølge Evroul-hagiografien, sætter Evroul (før han går
i kloster) sig således ud over de normer, der gælder i samfundet.
Selv i sit verdslige liv er han eksemplarisk: Fordi han identificerer sig i forhold til Gud, stræber han et trin højere. Også
Orderiks egen historie er et eksempel på et individs løsrivelse fra
de nære, personlige bånd. Han er afskåret fra familie- eller
slægtsbetingede tilhørsforhold. Ved at leve i kloster indgår han
i en international samhørighed, der finder fællesskab i den

---

[113]Vital, 1889, bind 1 s. 82, 220, 537-538 o.a.

overordnede instans, nemlig Gud. Efterlever man Guds lov og følger de kristne idealer i øvrigt, ophæves både nationale tilhørsforhold og personlige relationer til fordel for universaliten.

## Den universelle frelseshistories sidste krampetrækninger

I fortidsbeskrivelsen er historieskriveren distanceret fra sit objekt. Her kan væsentligt udskilles fra uvæsentligt ved at vurdere begivenhederne efter et overordnet mønster. Det signifikante er dét, som passer til den overordnede helhed. En historieskrivning, der bygger på frelseshistoriske forudsætninger, gør brug af transcendente fortolkninger. Verden består af faste substantielle symboler, fordi der er en sammenhæng mellem verden og *Bibelen*, skriften. I universalhistorierne sættes de enkelte begivenheder ind i en større sammenhæng ved hjælp af disse overordnede sammenligninger.

I en samtidsbeskrivelse er det vanskeligere at bevare overblikket: historieskriveren er en del af sin tid og sit objekt. Orderik giver en detaljeret skildring af sin samtid, han medtager både stort og småt. Han forsøger ved sin komposition at forbinde de hændelser, der sker omkring ham. Men som vi har set, opgiver Orderik at forstå sin samtid udfra fortidens skrifter. I det øjeblik, hvor frelseshistorien tilsidesættes, er der ikke et mønster at sætte begivenhederne i forhold til. Det bliver umuligt at se en sammenhæng, medmindre der udtænkes en ny måde at anskue historien på. Orderik arbejder i den forstand heuristisk.

Uoverskueligheden gør, at samtidsbeskrivelsen efterhånden finder et nyt udtryk, hvor begivenhederne er løsrevet fra en større sammenhæng. Fokuseringen på noget bestemt er borte, og historieskriveren har kun sine egne vurderinger at henholde sig til. Egentlig bør historieskriveren nedtegne alt det, han har kendskab til. Gør han ikke det, risikerer han at forbigå netop det signifikante, for det er alt taget i betragtning vanskeligt at se Guds finger i en endeløs række af begivenheder uden sammenhæng.

I den kristne senantik skelnes mellem *chronica*, som er et kort omrids, og *historia*, som er en overordnet sammenstillen.[114] Krøniken består mere af fragmentariske oplysninger end af et sammenhængende forløb. Idet samtidsbeskrivelsen ikke direkte indsætter begivenhederne i en større sammenhæng, kan den fremstillingsform, der kendetegner krøniken, siges at få en renæssance i 1100-tallet, hvor historieskrivningen netop bliver mere encyklopædisk og rapporterende. Nedtegnelserne har betydning på et horisontalt plan, det er videregivelse af oplysninger mellem mennesker. I modsætning til universalhistorierne, som er fastlåste af det symbolske, guddommelige rum, består krøniken af bevægelige tegn. Fordi forbindelsen til det symbolske rum, i det mindste for en umiddelbar betragtning, er brudt, fremstår krøniken som potentiel. Med krøniken transformeres historieskrivningen fra frelseshistorie til naturhistorie, hvor der gøres brug af immanente, ikke transcendente, fortolkninger. Den nye måde at skrive historie på viser, at verden og *Bibelen* rives fra hinanden. Selv om forbindelsen til det symbolske rum er vanskelig at spore i de oplysninger, krøniken giver, mister Gud ikke sin betydning. Men med naturhistoriens indmarch bliver Gud i højere grad transcendent.

Når samtidens hændelser løsrives fra frelseshistorien, skabes der rum til alternative måder at skrive historie på, og de mange forandringer i verden går godt i spænd med krønikens form.

Orderik og Otto af Freising forsøger dog at skrive universalhistorier. Otto skriver om verden fra skabelsen til sin egen tid. I modsætning til Orderik overskrider han sin samtid og inddrager den syvende verdensalder: dommedag og den evige salighed. Ottos historieværk dokumenterer et lukket verdensbillede, hvor verden bevæger sig uigenkaldeligt fra skabelse til dom, ledt af de

---

[114] Cassiodorus (485-580) beskriver krøniken som »et ekko af historien« og som »knappe erindringer af tidsforløbet«. Ehlers, 1981, s. 445.

syv verdensaldre.[115] Orderik forsøger ligeledes. Han har en vision om, hvordan den eksemplariske form tager sig ud, og at han efter at have skrevet sit værk indsætter første og anden bog, kan ses som et forsøg på at samle alle de spredte oplysninger. *Normanner og angelsaxere* har løse ender, der bevirker, at værket på flere punkter fjerner sig fra den eksemplariske universalhistorie. I modsætning til Otto vover Orderik da heller ikke at se frem i tiden. For hvad er der at rette sig efter, når det hidtidige fundament, frelseshistorien, vakler?

Universaliteten er central i kristendommen. Kirken er katolsk, altså altomfattende. Den overskrider både tid og rum. Den tilbyder den evige salighed, og den formidler frelsen på tværs af folk og nationer. I dette verdenssyn finder den universelle frelseshistorie sin naturlige plads. Orderiks historieværk indvarsler en fragmentering af det universelle.

I takt med denne begyndende affortryllelse af det fortryllede univers, mister skriften sin sakralitet. Skriften og *Bibelen* er ikke længere synomymer. Skriften løsriver sig fra helligheden og bliver noget i sig selv eller i sin egen ret. Historieskrivningens metamorfose (fra at være universelle frelseshistorier til at være krøniker) sker parallelt med, at lægfolk bliver skriftkyndige. Der er ikke længere en skarp grænse mellem den skriftkyndige gejstlighed og det ukyndige lægfolk. En medvirkende årsag til, at historieskrivningen mister forbindelsen til frelseshistorien, er formentligt, at den ikke nødvendigvis skrives af munke, men lige så vel af klerke og hoffolk.

*Intermedium: Orderiks udlægning*
Selvom Guds lov bliver håndhævet, beklager Orderik sin samtid. Personligt udviser Orderik foragt for riddermiljøets forfinelse og prangende nye moder. I Orderiks øjne er en kriger i spidse sko ukampdygtig. At krølle sit hår er at rette opmærksomheden mod

---

[115]Ehlers, 1981, s. 454; Spörl, 1935, s. 32-50.

sig selv, ikke mod Gud. De nye skikke er intet andet end tant. Lægfolket fører et lediggængerliv og lever derfor i synd. Kort sagt: Orderik reagerer imod, at riddermiljøet bliver høvisk. Verdsliggørelsen af samfundet når også til kirken. Sågar dem, der sidder på »Mose stol«, svælger jo i »verdslig pragt«.[116] Det er forståeligt, at Orderik som munk fordømmer verdsliggørelsen af samfundet. Han ved, hvad der kræves af et gudfrygtigt liv. Derfor kan han afvise de nye moder og dét, der i øvrigt afviger fra en munks idealer.

Men vi må huske på, at det tillige er Orderik, der fremhæver normannernes sekulære fortid. Som historieskriver benytter Orderik skriften i et nyt ærende: Han tildeler et folk dets egen fortid. Ved hjælp af skriften fremviser Orderik den store grundlæggelses tid: Han stiller den til skue. At blive fremstillet som et stort folk er ensbetydende med at være et stort folk. Det giver prestige, når der skrives om et folkeslag på samme måde, som man tidligere kun skrev om Gud. Ved at skrive om normannerne hæver Orderik normannernes værdighed. Hidtil har skriften afhjulpet en vertikal kommunikation, altså mellem Gud og de skriftkyndige. Nu er skriften et nyt medie, der gør det muligt at kommunikere på et horisontalt plan, mellem mennesker. Lægfolket har fået et nyt kommunikationsmiddel: De kan læse og skrive om sig selv.

At munken gengiver en sekulær fortid, afspejler lægfolkets stigende betydning i samfundet. Forudsætningen for at Orderik overhovedet kan give normannerne en sekulær fortid er, at han har et publikum, der anser *chansons de geste* og den antikke litteratur for at bygge på reelle, historiske hændelser. Orderiks værk bør lige så meget betragtes som et udtryk for den tid, han lever i, som hans personlige stillingtagen. Orderik er præget af tid, sted og omstændigheder. Han gør et ihærdigt forsøg på at gennemskue alle de hændelser, der sker omkring ham. Som histo-

---

[116]Vital, 1889, bind 1 s. 336.

rieskriver bliver han sat på en prøve: Det historiske pres er voldsomt. Munkens historiske vision (at der er en forbindelse mellem den symbolske verden og denne verden samt den universelle frelseshistorie) og de fakta, som historieskriveren står over for (begivenhederne i historien), stemmer ikke overens. Resultatet af misstemningen viser sig i Orderiks værk. Grundlæggelseshistorierne og fortidsskildringerne skal, som kunstnerisk tiltag, måske betragtes som udlægninger fra et ubevidst plan mere end som objektive beskrivelser. Orderik kan da ses som et barometer for sin tid. Det betyder, at dele af Orderiks værk kan ses som et udtryk for en menneskelig erfaring. Ret beset ændres verdensfortolkningen fra at bygge på objektive, ydre kriterier til at afspejle et subjekts indre tilstand. Den universelle frelseshistorie flyttes ind i mennesket og erstattes af en humanistisk verdensfortolkning.

På det bevidste plan giver Orderik en relativ objektiv beskrivelse af sin samtid. Hans mål er at informere, ikke at propagandere. Dette fordrer selvkritik og en evne til at udvælge. Han kan for eksempel ikke udelukke de hvide munke (cistercienserne) fra historiens scene, skønt han selv tilhører de sorte munke (benediktinerne). Han medtager da også de sorte munke i værket, men lige netop i den forbindelse bliver hans objektivitet sat på prøve, og som nævnt omtaler han udelukkende den nye munkeorden i negative vendinger.[117]

Orderiks evne til at distancere sig giver mening, når det ses ud fra hans social-psykologiske baggrund. Som ung knøs rives han bort fra sine rødder. Hans far sender sin søn til et fremmed land. Her må den unge Orderik forholde sig til et fremmed sprog og fremmede normer. Det skaber fra starten en afstand mellem Orderik og hans omgivelser. Han betegner gentagne gange sig selv som »engelskmanden Vitalis«,[118] det viser, at han betragter

---

[117] Vital, 1889, bind 2 s. 176.
[118] Vital, 1889, bind 1 s. 314 o.a.

sig som englænder. Han glemmer altså ikke sin egentlige oprindelse. Formodentligt fremmer denne baggrund hans evne til at distancere sig fra intriger både inden for og uden for klostret. Flere af Orderiks brødre er tidligere lægmænd, men i modsætning til disse er Orderik ikke personligt involveret i forhold uden for klostret. Han er en outsider og kan som sådan se tingene på afstand.


## FRA MUNDTLIGHED TIL SKRIFTLIGHED

*Antikken og 1100-tallet*
Der er adskillige henvisninger til antikken i Orderiks historieværk. Orderik etablerer en stilistisk og formel forbindelse mellem sin egen tid og antikken. Ud over denne værkspecifikke forbindelse er der historiske og idémæssige forbindelser mellem de to perioder. Det væsentlige i denne sammenhæng er, at både antikken og 1100-tallet er overgangsperioder fra mundtlighed til skriftlighed.

I antikken er tænkning og fornuft det middel, mennesket tager i brug i erkendelse af verden. Verdensbeherskelse sker ikke ved ceremonielle ritualer og magiske handlinger, men gennem fornuften. Skriften er et redskab, der hjælper erkendelsen. I klostrene bliver skriften i høj grad benyttet til rituelle og magiske formål. De muligheder, antikken ser i sproget (det retoriske og diskursive sprog), er reduceret til hovedsageligt at have betydning i religiøst øjemed. Skriften bliver i århundrederne mellem antikken og 1100-tallet forpuppet og indkapslet i klostrene. I denne periode erstatter *sermo humilis* retorikken: skriften bliver sakraliseret og kristianiseret. Det vigtige i klostrene er gudsdyrkelse, ikke verdensbeherskelse. I 1100-tallet udklækkes puppen imidlertid. Historien gentager sig, ved at der er et ønske om at rehabilitere verden. Her får skriften på ny betydning både for menneskets erkendelse af verden og for menneskelivet uden for klostrene.

I antikken og 1100-tallet er byerne menneskets nye virkelighed. Her er mennesket borger, det er ikke en nødvendig del af en slægtsstruktur. I den funktion, som borgeren udfylder, vil han altid kunne erstattes af en anden. Det enkelte menneske udgør et tilfældigt led i bysamfundet. De nye eksistensvilkår under skriften og som borger medfører, at individets forhold til det sociale ændrer karakter. Menneskets forhold til verden bliver et problem, der skal tages op.

*Sprog og skrift*
Et mundtligt samfund har ikke et sprogbegreb. I det øjeblik, talen stoppes, er den væk. Talen er kollektiv, den fordrer socialitet og nærvær, og det fastholder mennesket i et begrænset rum, hvor enhver kommunikation går fra mund til mund. Sagt med Saussures term kender et sådant samfund kun *parole*. Tænkningen tager konkrete former, forstået således, at mennesket tænker i den forhåndenværende verden. Mennesket befinder sig midt i verden og tænker ud fra denne position. Verden bliver opfattet i menneskelige kategorier ved antropomorfiseringer, besjælinger og personifikationer. Mennesket erkender verden ud fra sig selv. I *Bibelen* sammenlignes kirken med Kristi lemmer, og dette billedsprog kan betragtes som en rest fra den mundtlige kultur.

I et mundtligt samfund skelnes ikke mellem denotationer og konnotationer. Sproget glider, og alle ting står i forbindelse til hinanden. Eksempelvis er »bjørn« ikke et entydigt begreb, men har et væld af medbetydninger. Det kan betegne en bjørn (dyret), en stamfar, en klan etc. Begrebet »bjørn« har således symbolsk betydning. Det er med til at skabe forbindelser og sammenbinde relationer. Måden »bjørn« opfattes på, er med til at danne et gennemgående net: Det skaber forskelle, dels mellem dyrs og menneskers verden, og dels mellem mennesker indbyrdes. Det lukker ligeledes forskelle, idet »bjørnen« er alles stamfar. Metaforer, metonymier, synekdoker, besjælinger og symboler er i et mundtligt samfund billeddannende og sammenføjende redskaber.

Idet sproget bliver fikseret, bliver ordet til skrift. Mennesket løses af afhængigheden fra mund til mund og bliver opmærksom på, at sproget eksisterer både som skrift og tale. Det auditive bliver visuelt: Mennesket kan se sproget, der kan tages frem og gemmes væk. Skriften er en abstraktion, det er noget, som kan trækkes ud af virkeligheden, og sproget er ikke længere umiddelbart en del af mennesket, men er til uden for mennesket. For at blive i Saussures nomenklatur bliver mennesket bevidst om *langue*. Det bliver ved skriftens hjælp muligt at tænke *over* verden, ikke *i* verden.

*Platon og Aristoteles*
Skriften fastholder noget fra virkeligheden. For Platon leder de visuelle tegn tanken hen på, at der bag tegnene findes et fastholdeligt system. Der må være en »mand«, en idé, bag manden. Platon vurderer ethvert begreb, det gælder ligeledes sproget, ud fra en højere idé. Hans tænkning er i et og alt idealistisk. Han vil overskride fænomenerne med tanken og derved finde ind til idéen. Da det egentlige ligger bag sproget, bliver selve sproget et gennemgangsled fra det immanente (fænomenerne og sanseverdenen) til det transcendente (idéverdenen og det egentlige, men usynlige). Dog er sproget afmægtigt. Det kan føre hen til idéerne, det der er, men kan aldrig afsløre det. Sproget er i sig selv noget andet end det, det taler om.

For Platon har ordet højere erkendelsesværdi end skriften. Mens ordet ansporer tænkningen, virker skriften pacificerende på mennesket. En skriftlig fremstilling kan ikke direkte videregive filosofiske sandheder. Den er blot et skinbillede af den ideelle virkelighed. Sandheden kan ikke udtrykkes i sproget, men skal erfares intuitivt gennem sjælen. Det betyder, at det enkelte menneske selv skal tilegne sig sandheden og derved gøre den til sin egen. Sandheden skal altså indarbejdes og indoptages af den enkelte, ikke doceres til mennesket udefra. Dette afspejler sig i den fremstillingsform, som Platon benytter, blandt andet i dialogen. Platons læremester Sokrates sammenligner sig selv med en jordemoder: De dialoger, han deltager i, er svangerskabsforløsende. Han forløser tanker hos andre. Igennem Sokrates' spørgsmål gennemgår hans samtalepartner en erkendelsesproces, der medfører, at vedkommende ved dialogens slutning må erkende, at hans holdninger ikke hænger sammen. Den sokratiske metode er en indirekte meddelelse om, at mennesket selv må erfare sandheden. For Platon går vejen til erkendelse altså gennem frigørelse af skriften.

Aristoteles benytter sproget til at klassificere ting i virkeligheden. Han tager sproget i sin magt og tænker ved hjælp af sproget over verden. Han definerer »bjørn«, så det kun er en ting, nemlig et »firbenet pattedyr, der...«. Aristoteles adskiller ret beset dét, som den mundtlige kultur forsøger at samle. Han skelner mellem et ords denotation og dets konnotationer. Skriften fastlægger en bogstavelig mening, der sætter grænser for, hvordan verden skal erkendes, fysik er forskellig fra metafysik, støv er forskellig fra stjerne. Sproget fungerer som grænsedragning for erkendelsen. Aristoteles taler i sætninger og syllogismer, hvilket vil sige, at han går ud fra sproget og tilbage til sproget. Syllogismelæren er formel og logisk. Eksempelvis kan to sætninger, der har et »ikke« i sig, ikke give mening, hvis de sammenholdes.

Aristoteles adskiller fornuften og sproget. Det er ved hjælp af tænkningen, den indre monolog, at mennesket kan erkende verden. Erkendelsen lader sig lede af de almengyldige klassifikationer, som fornuften opstiller. Erkendelsen følger med andre ord en bestemt logik eller diskurs. Skriften er en artificiel og håndværksmæssig kunnen, hvorigennem erkendelsen kan udtrykkes. Den omsætter teori til praksis.

I modsætning til Platon vurderer Aristoteles ikke begreberne ud fra en højere idé (idéelt), men tager udgangspunkt i verden, som den faktisk foreligger (reelt). Det primære er genstandene i virkeligheden. Den enkelte genstand går således forud for idéen. Både Platon og Aristoteles mener, at begreberne eksisterer i virkeligheden, at de er reelle. Ifølge Platon eksisterer fænomenernes idé forud for og uafhængig af det enkelte begreb. Altså som idéer i en transcendent verden. Ifølge Aristoteles er fænomenernes væsensegenskaber derimod immanente. Han samler idéen og fænomenerne, egentlig henter han begrebernes idé ned i tingene selv. Derved omformer han den platoniske idélære til begrebsrealisme.

Aristoteles tror i højere grad end Platon på sproget som erkendelsesredskab. At mennesket tænker i dagligsprog, er ensbetydende med, at tingene kan formuleres i dagligsprog. Han skelner altså ikke mellem den indre tænkning og den ydre virkelighed. Eller: der er ingen afgrund mellem sprog og verden. Ved hjælp af så og så mange prædikater kan mennesket slutte sig frem til, at bjørnen, træet, mennesket, verden eksisterer. At sproget fastlægger grænser for erkendelsen, er ikke en spændetrøje for den menneskelige erkendelse, fordi Aristoteles tror på, at sproget rent faktisk kan afdække verden.

Grækerne opdager, at sproget er tropisk, og et af den antikke kulturs projekter bliver i forlængelse heraf organiseringen af *parole*. Sprogets denotationer opstår først, når de enkelte begreber adskilles og klassificeres. Før er det ikke muligt at benytte de forskellige lag i sproget i en bestemt diskurs. En logisk og afhandlende brug af sproget er først mulig ved skriftens fremkomst; det vil sige, når mennesket er bevidst om sproget både som tale og skrift. Altså som en abstraktion fra det konkrete. Platon fremhæver den bogstavelige mening og det klare, entydige sprog frem for billeddannelser. Dog afslører hans fremstillingsform (hans fortællende eksempler og brug af billeder), at han ikke er helt så videnskabelig og diskursiv som Aristoteles. Platons argumentation glider mellem anskueliggørende analogier og logiske argumenter. Alligevel tænker både Platon og Aristoteles logisk på skriftens præmisser. Hver deres ræsonnement organiserer en diskursiv erkendelse. Ikke som i et mundtligt samfund, hvor den menneskelige erkendelse er intuitiv. I modsætning til et mundtligt samfund er det ikke en kollektiv erkendelse, Platon og Aristoteles efterstræber, men den enkeltes erkendelse.

*Reaktioner på skriften i græsk, jødisk og kristen antik*
Skriften skaber en abstrakt, konstrueret virkelighed, der befinder sig uden for mennesket. Aristoteles' adskillelse af sproget og erkendelsen (fornuften) står i skarp modsætning til det mundtlige samfund, hvor mennesket erkender og opfatter verden antropomorft. Ved skriftens fremkomst står mennesket ikke, som i det mundtlige samfund, i metonymisk forbindelse med sin omverden. Det står derimod isoleret over for den verden, som skriften fastsætter. Nogle tiltag kan dog ses som menneskets forsøg på at remøblere og tilpasse sig den virkelighed, som det fra nu af må leve i. I den forbindelse bliver det klart, at skriftens opkomst har betydning for den historieopfattelse, der hersker i dag: De mundtlige samfund er historieløse samfund, forstået sådan at de ikke har en nedskreven historie. Men de har en fortid. Et historieløst samfund kender til fortiden, men fortiden defineret som det, nutiden udspringer af. Denne mytiske historieopfattelse ophæver ret beset historien, da nutiden altid vil være den samme eller en gentagelse af noget, der allerede har været. De mundtlige samfund flyder i den forstand oven på historien. En moderne historieskrivning kræver derimod kilder, det vil sige skriftlige dokumenter og manifeste monumenter. Det er som nævnt med skriften, at mennesket bliver bevidst om sproget, men ydermere er det skriften, der bevidstgør mennnesket om historien. Ret beset kommer både sproget og historien ind i den europæiske kultur med skriften. Som vi har set, er det netop skriften, der gør det muligt for Orderik at tildele normannerne deres historie.

Det videnskabelige system, som grækerne bygger op, forudsætter, at verden er statisk og styret af lovmæssigheder. Al mening er givet på forhånd. Det er altså nogle på forhånd givne lovmæssigheder, ting, der kan styres med lov, som Platon og Aristoteles er interesseret i at udskille. Sandheden er dét, der kan fikseres. Hvis sandheden er det fikserbare, står historien, der skrider frem, og talen, der strømmer, i modsætning til sandheden. Et videnskabeligt system, som bygger på lovmæssigheder, kan ikke rumme det vilkårlige. Sproget og historien falder med andre ord uden for det lovmæssigt regulerede. Sprogproblemet findes der en løsning på: Skriften fikserer sproget og stopper talestrømmen. Sproget hægtes op på et større bagvedliggende system. Det skrevne sprog består af synlige tegn, derved har man noget at forholde det til. Men historien lades tilbage som et uløst problem. Det græske system tilbyder ikke en idé, der kan stoppe historiens forløb. Historien falder strengt taget uden for systemet. I Platons idealstat er alt harmonisk ordnet og forudsigeligt. Staten er et statisk system, det er en maskine til afskaffelse af historien. En anden ting er, at for Platon har historieskrivningen ingen erkendelsesmæssig interesse. Den vil aldrig blive andet end en efterligning af det egentlige.

Den jødiske tradition tilpasser sig skriften og historien på en ganske anderledes måde. Denne tradition fremhæver historien og gør den til midtpunkt. Hvor grækernes forudsætning er de love, der kan udledes af naturvidenskaben, er jødernes forudsætning historien, som den tager sig ud i *Det Gamle Testamente*. Den Hellige Skrift er på en og samme gang lovbog og historieskrivning. Naturvidenskabelig erkendelse har ingen interesse i det jødiske univers. Det altafgørende er at overholde pagten med Herren. Det sker ved at lade den Hellige Skrift og bogstavet regulere livet. Jødedommen er en lovreligion, der vægter det ritualiserede liv, som er styret af *Det Gamle Testamente*, højere end det enkelte menneske. Det lovmæssige er centralt hos grækerne, derimod er der plads til det tilfældige og vilkårlige i den jødiske tradition. Idet historien bygger på et personligt forhold mellem Gud og hans udvalgte folk, Israel, rummer den ingen lovmæssighed. Historien udgør et forløb, den er vilkårlig og dynamisk. Som en pendant til den lovmæssige regulering i det græske univers, kan subjektet (Israel) igennem sine handlinger påvirke pagten med Herren og derved virke ind på historiens gang. Det uventede, dét, som melder sig af sig selv, har sin plads i historien.

Kristendommen kan betragtes som en syntese af den græske og den jødiske tradition. Både den Hellige Skrift og den hidtidige måde at opfatte historien på suspenderes i Kristus. Kristus åbenbarer, at der ikke er behov for skrevne love. Han inkarnerer jødernes lov og giver den menneskelig skikkelse. Kristi budskab om næstekærlighed står i modsætning til farisæernes og de skriftkloges vægtning af lovens bogstav. Kristus er den nye lov, den nye pagt, han er lovens fuldendelse. Historien, der ikke rummes i grækernes system, men som bliver midtpunkt hos jøderne, tildeles en ny betydning. I en kristen forståelse udgør den et forløb med et formål. Historien bliver betydningsfuld, idet den peger frem mod tidens fylde, forløsningen. Kristus varsler altså historiens ophør. Han stiller et nyt rige og et evigt liv i udsigt. Det nye rige er transcendent (som Platons idé), da det ligger hinsides tiden og historien. Saligheden, som er det egentligt værende, har universel karakter. Inkarnationen viser, at historien er forudbestemt, og såfremt visse vilkår er til stede, bliver det tilfældige til nødvendighed. Eksempelvis dét, at en fattig tømrer opfostrer Guds søn. I Kristus indgår den jødiske tilfældighed og den græske nødvendighed i symbiose.

*Tilbagevenden til det mundtlige samfund*
I et mundtligt samfund bærer mennesket loven i sig. Loven er et resultat af samspillet mellem de konkrete, sociale sammenhænge, som det enkelte menneske indgår i. Den træder i kraft, når en situation kræver det, og den ses i sammenhæng med de omstændigheder, der gælder her og nu. Denne lov er apo-

steriorisk, erfaringsbestemt. Når mennesket skal efterleve skrevne love er det ikke længere en integreret del af mennesket, men en instans uden for mennesket, der regulerer menneskets socialitet. De skriftlige love danner grundlag for en social konvention, der fastsætter, hvordan mennesket skal leve i verden, og hvordan verden skal opfattes. De skriftlige love kan betegnes som aprioriske. Det giver fra nu af mening at tale om individ og samfund som subjekt, der står over for objekt. Den ydre virkelighed kan være i modstrid med individuelle oplevelser og opfattelser. Skriftliggørelsen af menneskets omverden gør det nødvendigt at undersøge, hvordan mennesket under skriftens vilkår kan leve i den forhåndenværende virkelighed. Idet skriften fastsætter love og danner en virkelighed uafhængig af mennesket, dehumaniseres verden. Hvorom alting er: destruerer skriften menneskets verdensbillede, fordrer det en reaktion.

Hvis idealet er, at mennesket skal stå i metonymisk forhold til verden, altså være en del af verden, må den menneskelige viden alt andet lige antage menneskelig form. I modsat fald bliver mennesket fremmed for verden, menneskelivet bliver inhumant. For Platon er det vigtigt at reintegrere mennesket i den verden, som logikken og fysikken skiller ud. Sokrates er et ideal, i hans skikkelse antager den menneskelige viden menneskelig form. Sokrates er den inkarnerede visdom. Idet han erkender, at han ingenting ved, ved han mere end andre. Han er den vise, den forstandige. Sokrates står i modsætning til den information, som gennem skriften kommer til mennesket udefra. I den kristne tradition bliver Guds ord kød. Inkarnationen kan ses som et forsøg på at mediere forholdet mellem mennesket og skriften. Dette viser måden, hvorpå to kulturer forsøger at genforene mennesket med dets omverden. I denne sammenhæng kan Sokrates (den inkarnerede fornuft) og Kristus (den inkarnerede Gud) betragtes som trin tilbage mod det mundtlige. Inkarnationerne er forsøg på at komme ud over skriften og loven.

Hverken den græske eller den kristne tradition definerer, som i et mundtligt samfund, det enkelte menneske i forhold til familie og slægt. Hvorledes indgår det enkelte menneske da i en socialitet? I Hellas skal individet (subjektet) underordne sig samfundet (det objektive). Mennesket er fra først til sidst underlagt noget, der er større end det selv, nemlig skæbnen og samfundet. Det objektive, det uden for mennesket, er centralt. For at kunne eksistere skal det udsatte og skrøbelige menneske efterstræbe et liv i *sofrosyne* (i mådehold og balance). Idealet er ydmygt at tilpasse sig sin egen endelighed og det forudgivne. Mennesket bliver først sig selv, idet det indgår i en social orden.

Platon fremhæver den enkeltes personlige historie, der eksisterer med nødvendighed. Alligevel opfatter han ikke mennesket som en uafhængig individualitet. Mennesket må til enhver tid betragte sig som en del af den større orden. Platon skelner ikke mellem det indre og det ydre, men betragter det omgivende samfund, makrokosmos, som et billede på mennesket, mikrokosmos. Mennesket og staten er ikke to adskilte størrelser: Mennesket står i metonymisk forhold til eller er en refleks af staten. Platon insisterer altså på mennesket og verden som en helhed. I *Staten* argumenterer han for, at drengebørn i en tidlig alder skal løses fra personlige relationer.[119] Hans idealstat levner ikke plads til et egentligt familieliv, blandt andet skal børneopdragelsen være reguleret af staten. Han definerer ikke det enkelte menneske i forhold til slægt og familie, men i forhold til samfundet. Også inden for kristendommen opfordres mennesket til at forlade familie, slægt og ejendom til fordel for det kristne fællesskab. Set i forhold til Platon formidler den kristne tradition i højere grad en balance mellem det individuelle og det sociale, det subjektive og det objektive. Helligånden er en samlende faktor for de kristne menigheder. I denne socialitet står mennesket i forbindelse til hinanden og Kristus i efterlevelsen af det

---

[119]Platon, 1995, s. 150, 198 o.a.

dobbelte kærlighedsbud. Individet, der ved skriften bliver adskilt fra det kollektive, genindsættes i en socialitet. Næstekærligheden bringer mennesket tilbage i centrum og skubber loven og skriften ud i periferien. Her får historien igen en betydning: Den er ikke lovmæssig og objektiv, men indeholder åbenbaringer (dét, der pludselig melder sig), som har sandhedsværdi for den enkelte, subjektet.

*1100-tallets vægtforskydning fra verden til sprog*
I 1100-tallet bliver sprogets forhold til verden på ny genstand for spekulation. Det viser sig i universaliestriden, hvis overordnede emne er klassificering af verden. Mere specifikt drejer striden sig om almenbegrebernes (universaliernes) eksistens. Det tages for givet, at der findes enkeltting (partikularier), altså dyr, stole, mennesker etc., men spørgsmålet er, om der ud over disse eksisterer en menneskeart, en dyreart, egenskaben af at være en stol etc. I flere henseender er universaliestriden en gentagelse af antikkens diskussioner om sprogets og ordenes forhold til verden. Blandt andet låner de positioner, der står over for hinanden i universaliestriden, argumenter fra henholdsvis Platon og Aristoteles. Ligeledes viser striden, at de kristne teologer nu tænker logisk over verden (og sprogets forhold til verden). Nøgleordene er, som i antikken, sprog, verden og menneskelig erkendelse. Fordi diskussionen nu finder sted inden for en kristen kontekst, må den nødvendigvis tage højde for yderligere en dimension, nemlig åbenbaringen. At den menneskelige fornuft ikke kan negligere det uomgængelige besværliggør diskussionen.

Den ekstreme realisme betragter almenbegreberne som a priori-kategorier og definerer enkeltting ene i forhold hertil. Jævnfør Platons forestilling om idéerne som noget på forhånd givent. Konceptualismen betragter almenbegreberne som tænkte abstraktioner, der er adskilt fra de erfarede enkeltting. Almenbegreberne er bevidsthedsmæssige standarder. Ligesom Aristoteles tager denne position udgangspunkt i tænkningen og i verden, ikke i en abstrakt forestilling, der ligger uden for verden. Disse positioner er realistiske i den forstand, at de – om end på forskellig måde – tillægger almenbegreberne en selvstændig virkelighed.[120]

En tredje position i striden, og her er vi ved det nye i forhold til antikken, er nominalismen.[121] Ifølge det nominalistiske synspunkt er enkelttingene det eneste, der eksisterer, mens almenbegreberne blot er navne. Nominalismen minimerer almenbegrebernes betydning og flytter vægten over på enkelttingene. I modsætning til den ekstreme realisme, der antager, at almenbegreberne og enkelttingene er lige virkelige, eksisterer almenbegrebet ifølge det nominalistiske synspunkt ikke i virkeligheden. »Hest« er blot en benævnelse, det er ikke identisk med det benævnte. Hesten kunne lige så godt have heddet noget andet. Nominalismen indfører en hidtil uset tiltro til sproget og fornuften. Almenbegrebet eksisterer ikke uden for eller uafhængigt af fornuften eller sproget, men er identisk med den benævnelse, der betegner almenbegrebet. Mens begrebsrealisterne, som Aristoteles, hævder, at sproget kan dække verden, skaber nominalismen en afgrund mellem sproget og verden. De enkelte benævnelser er én måde at nærme sig virkeligheden på. Når alt blot er navne, er der ingen forbindelse mellem de menneskelige begreber. Almenbegreberne er, som blotte navne, reduceret til at være udlægninger af menneskelige erfaringer.

Universaliestriden er en af de første logiske diskussioner i middelalderen. Den viser, at de kristne teologer finder en ny måde at erkende og forklare verden på: nemlig gennem fornuf-

---

[120]Formålet i denne sammenhæng er at gøre opmærksom på, at de kristne apologeter genoptager en diskussion, der startede i antikken. Vilhelm af Champeaux (1070-1121) kan fremhæves som repræsentant for den ekstreme realisme, og Abélard (1079-1142) som repræsentant for konceptualismen.

[121]Roscelin (1050-1125) er en tidlig repræsentant for det nominalistiske synspunkt. Hans synspunkter er ikke entydige. Hvad, der er vigtigt her, er, at han minimerer almenbegrebernes betydning. Rettelig bør han betragtes som nominalismens forgænger. Se bl.a. Haren, 1985, s. 91-92.

ten. Nominalismen genindsætter mennesket i centrum: Det er ud fra den menneskelige fornuft, at erkendelsen finder sted. Den fornyede interesse i at forklare verden medfører, at menneskets forhold til verden bliver central. Dette i modsætning til før, hvor det afgørende alene var gudsdyrkelse. Dét, der før var gudsdyrkelse bliver i denne forbindelse til gudserkendelse. Hvor man tidligere sluttede fra åbenbaringerne til troen på Guds eksistens, bliver det nu muligt at slutte fra fornuften til åbenbaringerne. Åbenbaringen er ikke længere noget, der kommer til mennesket, men noget mennesket kan ræsonnere sig frem til. Nominalisterne er de første empirister: De lader den erfarede virkelighed, ikke et symbolsk, guddommeligt rum, være udgangspunkt for erkendelsen. En ekstrem nominalisme kan i sit væsen ikke gå i spænd med en religiøs verdensanskuelse: Hvis almenbegreberne blot er navne, altså udlægninger af menneskelige erfaringer, degraderes Gud til at være betegnelsen for en menneskelig oplevelse.[122] Dette vender ret beset op og ned på menneskets forhold til verden. Adskillelsen af sproget og verden sker parallelt med en stigende tiltro til fornuften. I sin yderste konsekvens tiltror nominalismen den menneskelige fornuft evnen til at erkende enkelttingene uafhængig af den ene eller den anden a priori kategori (det være sig Gud eller idéen). Dog: Selvom universaliestriden medfører erkendelsen af, at der altid er et subjekt, der betragter, fastholdes den opfattelse, at sikker viden er objektiv. Derved tøjles erkendelsen.

---

[122]Det nominalistiske synspunkt medfører, at forhold i verden må forklares på ny. Det gælder i særdeleshed gudsopfattelsen: Det går jo ikke an, at den frie Gud bliver en logisk nødvendighed.

## DET GRÆNSELØSE RUM

Den teologisk-metafysiske verdensfortolkning, der har hersket hidtil, bliver i 1100-tallet gradvist erstattet af en humanistisk-naturvidenskabelig tilgang. Det afspejler sig i universaliestriden og i Orderiks historieværk. Det enkelte subjekt er gyldigt som udgangspunkt for erfaringen. De platoniske træk, der præger den tidlige middelalder (for eksempel idéen om et symbolsk rum), erstattes af en aristotelisk måde at anskue verden på. Forbindelsen mellem den symbolske verden og denne verden får en ny udformning. Himmelen er ikke faldet helt ned på jorden, men den er kommet tættere på. Dette medfører en stigende historicitet.

Skolastikken undersøger og fastlægger de rette betingelser for erkendelse af verden. Logikkens fremkomst inden for den kristne tradition markerer en ny måde at erkende verden på. Abstrakte filosofiske tanker ligger dog hinsides Orderiks fatteevne. Han kender sin videns begrænsninger, det vil sige den menneskelige fornufts begrænsninger. Fordi han efterlever det benediktinske livsideal, bygger han ikke sit værk på videnskabelige teorier. Hans tro på og tillid til, at alt ligger i Guds hænder, sætter en grænse for hans historiesyn. Han må nødvendigvis bedyre, at han vil beskrive (ikke forklare) verden. Han siger, at verden er sådan og sådan, men forsøger ikke at give en menneskelig forklaring på, hvorfor den tager sig sådan ud. Alligevel afslører elementer i Orderiks historieværk begyndelsen til en ny måde at opfatte verden på.

Skriftliggørelsen af samfundet er én årsag til de forandringer og den nytænkning, som kendetegner 1100-tallet. Den afsakraliserede skrift danner grundlag for en dokumentkultur, der fastlægger verden uafhængig af mennesket. Den trækker noget ud fra verden og skaber en abstrakt virkelighed, som mennesket nødvendigvis må forholde sig til. Mennesket reagerer (både i antikken og i 1100-tallet) på skriftens stigende betydning. Blandt andet ved at inkarnere den, altså gøre skriften til en integreret del af mennesket. Det tyder på, at det platoniske ideal, at tingene skal holdes i mennesket, ikke mister sin betydning. Det ideelle er, som i et mundtligt samfund, mennesket og verden som en helhed. Skriften spærrer imidlertid for en umiddelbar tilgang til verden.

Samtidig med at skriften sætter betingelserne for menneskets liv i verden, eksempelvis ved skriftlige love, er den et medie, som mennesket kan gøre brug af. Den kan, som hos Aristoteles, benyttes som et erkendelsesredskab. Som munk benytter Orderik skriften til sakrale formål. Som historieskriver griber Orderik imidlertid pennen med den anden hånd: Han bruger den til at sige noget om verden. *Normanner og angelsaxere* bevidner, at skriften ikke alene tjener til at oplyse åbenbaringen. Den afsakraliserede skrift bærer i sig et potentiale. Den kan tildele normannerne en historie. Den fortid, der fremstår som et fjernt, glorværdigt rum som normannerne er ekskluderet fra, bliver med skriften bogstavelig. Fortiden har ikke længere udelukkende symbolkarakter. Gennem skriften konkretiseres fortiden, den bliver til historie. Her husker vi på, at historieskrivningen fortæller lige så meget om tilblivelsesperioden (samtiden) som om den periode, den skildrer (fortiden). Dybest set er fortiden en konstruktion.

I takt med skriftens stigende betydning indskrænkes dybden af sansningen. Den fylde og mening, der ligger i idéerne og den symbolske verden, falder bort. Mennesket befinder sig ikke længere i et begrænset rum, men er adskilt fra og står over for et grænseløst rum. Det grænseløse rum bevidnes i historieskrivningen, ved at historien ikke længere tolkes ud fra *Bibelen*. Det står åbent, hvor historien bevæger sig hen. Grænseløsheden er til stede både på et horisontalt og på et vertikalt plan. At det symbolske rum mister sin kraft, betyder, at Gud i højere grad er adskilt fra verden og mennesket. Han er transcendent og står udenfor verden. Derfor må menneskets forhold til Gud omformuleres. Ligeledes skaber skriften distance mellem mennesker. Den gør det muligt at kommunikere på afstand, for eksempel via breve, og det nye medie gør, at fravær kan erstatte nærvær. I menneskets bestræbelser på at indrette sig i den nye virkelighed får fortiden og oprindelsen en fremtrædende betydning. Det ser vi i Orderiks historieværk. Det ser ud som om, at fraværet skaber en styrket fornemmelse for det forgangne. Det grænseløse rum gør fornemmelsen for det tabte mere intens. Mens nutiden og fremtiden står åbne og ligger hen i det uvisse, er fortiden, uanset hvilken skikkelse den tager, forankret i det symbolske rum. Den giver et fundament som forhindrer, at verden og mennesket flyder på må og få i det ubegrænsede rum.

# AFSLUTNING

I 1100-tallet er de germanske og de nordiske folkeslag blevet omvendt til kristendommen. Fordi folkeslagene nu er kristne, ændres kirkens sigte. Kirken skal ikke længere missionere, men opdrage. Som vi ser, benytter den Guds lov i dette øjemed. Dét at følge loven udadtil konstituerer en kristen. Vi ser ligeledes, at verdensbilledet ændrer sig. Forholdet mellem den symbolske verden og den jordiske verden bliver opfattet i de vertikale kategorier op og ned. Opslugtheden af disse verdeners indbyrdes forhold bliver gradvist erstattet af en interesse i den jordiske verden. Den jordiske verden indeholder også en dikotomi: Den opfattes i de horisontale kategorier før og nu. Før, fortiden, er genstand for samtidens store interesse. For 1100-tallets menneske er det vigtigt at forene nationernes hedenske fortid med den kristne nutid. Dette projekt tvinger interessen i historien frem, og det afføder en række historieværker. Hvorvidt en historieskriver orienterer sig vertikalt eller horisontalt, giver en idé om den pågældendes forhold til omverdenen og til den traditionelle historieskrivning, der i alt væsentligt orienterer sig vertikalt.

Orderik er vidne til et nyt Europa. Med *Historia ecclesiastica* skriver han sig ind i *1100-tallets renæssance*. De tendenser, vi ser hos Orderik, genfindes også i den nordiske historieskrivning. Norden undergår tilsvarende samfundsmæssige forandringer som Normandiet. Som et led i den kulturudveksling, der finder sted i Europa, kunne *Historia ecclesiastica* eller andre historieværker fra det anglo-normanniske rum i teorien være et forbillede for de nordiske historieskrivere.

Både for Orderik og for Snorre Sturluson er det et kvalitetsstempel at finde henholdsvis normannernes og nordboernes oprindelse i Troja. I prologen til Snorres *Edda* kommer det til udtryk, at Snorre betragter sine forfædres religion som en misforstået gudsdyrkelse. Han arbejder euhemeristisk. Det er historiske hændelser, der i nordboernes bevidsthed er blevet til mytologi. I virkeligheden er guderne mennesker, der nedstammer fra Troja, og som i forhistorisk tid er udvandret til Skandinavien. På denne måde håndterer Snorre sine forfædres religion uden fordømmelse.

Orderik beskriver Normandiets grundlæggelse. Også den nordiske litteratur afslører, at grundlæggelsestiden er et vigtigt tema. Fortidstemaet udmønter sig altså i en interesse i nationernes oprindelse. Islands bebyggelse beskrives i *Landnámabók*. Skriftet fremhæver emigranternes forbindelse til det nye land. Ydermere redegør det for de enkelte slægters oprindelse og slægternes forbindelse til hver sit territorium. Landnamstiden er et hyppigt motiv i de sagaer, der skrives i løbet af 1200-tallet. Sagaernes ophavsmænd længes tilbage til denne storhedstid. *Íslendingabók* indeholder oplysninger om kongerne fra Harald Hårfager til den første kristne konge, Olav den Hellige. *Íslendingabók* understreger islændingenes norske herkomst og forbinder via afstamning og genealogier Islands og Norges historie. Ligesom for Orderik er målet at finde islændingenes oprindelse i en ophøjet, gammel verden. Genealogierne fungerer som kit, der binder de forskellige folkeslag sammen. Samtidig er genealogierne en genvej til fortiden, og ved at forfølge dem finder historieskriveren folkeslagenes fælles oprindelse. Historieskriverne henviser til dét, der ligger langt væk, og dét, der skete for lang tid siden, altså til det fjerne i både tid og rum. Hos Orderik ser vi, at Normandiets historie ikke lader sig adskille fra Rollos slægt, altså fra fyrsterækken. *Íslendingabók* og de norske kongekrøniker viser, at Nordens historieskrivning også er nøje forbundet med kongerækkerne.

I sin *Danmarkshistorie* orienterer Saxo sig hovedsageligt efter kategorierne før og nu. Han skriver om dét, der befinder sig mellem før og nu, altså om menneskets historie. Dette gør Saxo til en humanistisk historieskriver. Orderik udviser stor interesse i historien, også han orienterer sig efter kategorierne før og nu. Men han er ikke så gennemført humanistisk som Saxo. Orderik indsætter kontinuerligt sine metafysiske overvejelser mellem bøgerne. Prologerne og epilogernes tilstedeværelse vidner om, at han tillige orienterer sig efter kategorierne op og ned. Dette på trods af, at hans historie-teologiske overvejelser synes at fungere som et tillæg til bøgernes indhold. Orderiks værk er både i kontrast til og i kontinuitet med den traditionelle historieskrivning. Hvor Saxo lægger størst vægt på profanhistorien, balancerer Orderik mellem det profan-historiske og det sakralt-kristne.

I *Ælnoths krønike* skildrer Orderiks landsmand, en engelsk munk, der lever i Danmark, drabet på Knud den Hellige. Ælnoth fortolker begivenhederne, der udspiller sig omkring Knuds person, symbolsk. Egentlig er beskrivelsen af Knud én stor typologi. Derfor bliver skildringen af Knud stereotyp. Mange af Orderiks personskildringer ser ganske anderledes ud, for eksempel fremstår Vilhelm Erobreren mere som et individ end som en type eller en ideel kristen konge. Vilhelm beskrives som en nuanceret person, han er både dydig og lastefuld. Skønt Vilhelm i det store hele er en levende personlighed, er han ikke helt og aldeles befriet fra historiens tyranni. Det objektive, dét uden for mennesket, lader ikke subjektet, det individuelle menneske, gå upåvirket gennem historien. Personskildringerne siger noget om menneskets plads i historien. For Ælnoth er det relationerne opad, der er væsentlige: mennesket er underlagt ydre kræfter. Derimod vakler Orderik mellem en menneskelig-involveren-sig og en optagethed af forsynet.

*Ælnoths krønike* er skrevet ca. 1120, det vil sige tidligere end Orderiks værk. Saxos *Danmarkshistorie* er skrevet ca. 1200, altså ved vores periodes slutning. De to historieværker illustrerer, at der er sket et ryk fra primært at orientere sig vertikalt til primært at orientere sig horisontalt. Orderik befinder sig mellem de to poler. Det viser sig, dels ved at han skiftevis forfølger de horisontale linier og indsætter de vertikale afsnit, dels ved at han undlader at tolke sin omverden symbolsk. Ét sted bliver Orderiks fremstillingsform dog »ælnothsk«, det vil sige højstemt og – for et moderne synspunkt – noget umotiveret, nemlig i hans korstogsbeskrivelse. Her tager han hele det traditionelle fortolkningsapparat i brug. Det er historiesynet og fortolkningsmetoderne, der gør Ælnoths og Orderiks personbeskrivelser forskellige: Hvis personerne skal fremstå som individer, ikke ideelle typer, må historieskriveren nødvendigvis orientere sig horisontalt.

På trods af Saxos, Ælnoths og Orderiks forskellige syn på historien og mennesket, som vi kan afkode i de enkelte værkers stilistik, har deres værker en fællesnævner. Værkernes indhold afslører en stor interesse i det nationalhistoriske. Ælnoth har et traditionelt historiesyn, men ved at indsætte den lille historie (Knuds) i den store historie (den kristne), understreger han, at det religiøst signifikante også sker i Danmark. Orderik gør Normandiet til verdens midtpunkt og fremstiller (hovedsageligt i korstogsbeskrivelsen) Normandiet som bærer af kirken. Saxo skriver sit omfattende værk for at fremhæve Danmarks rige. Hans værk skal sprede danskernes ry ude i verden.

*Íslendingabók* nævner udførligt de mundtlige kilder, der er gjort brug af, og det giver værket den troværdighed, som Orderik hovedsageligt henter hos sine autoritative forfædre (altså i det skriftligt overleverede). Det er i sagens natur et resultat af, at forfatteren til *Íslendingabók*, Ari, er den første, der skriver Islands historie. Den senere historieskrivning, *Heimskringla* henviser også til *Íslendingabóks* kilder. Orderik har muligheden for at benytte skriftlige kilder, altså tidligere og samtidige historieskrivere. Dog lader han de mundtlige overleveringer fungere som sikkerhedsnet. Midt i 1100-tallets samfundsomvæltninger har de sent omvendte folk behov for at legitimere sig i den kristne verden. I den forbindelse er de mundtlige overleveringer medvirkende til at sikre det bestående. Dog er skriftligheden fremtrædende, fordi det er skriften, der gør det muligt at nedskrive fortiden lige nu. Selvom kristendommen er universel, afslører historieværkerne en udpræget interesse i at bevare de enkelte folkeslags integritet. I forordet til sin *Danmarkshistorie* siger Saxo, at danskerne, ligesom alle andre folk, bør fremhæve deres bedrifter. Danskerne kan ikke alene leve på, at de er en del af den kristne verden. For at kunne måle sig med andre folkeslag er det altså nødvendigt at omsætte fortiden til en nedskreven historie. Skrift og historie hænger uløseligt sammen. Saxo gengiver dels sagn og legendarisk fortællestof, dels beretninger fra »historisk tid« (læs: en skriftligt bevidnet tid). For ham er begge dele gyldige som historie. At blive fikseret på skrift både bevidner og fremhæver et folks eksistens, det højner dets anseelse. Det betyder, at de mundtlige overleveringer træder i baggrunden. Det er ikke tilstrækkeligt at fortælle om bedrifterne, de skal nedfældes på skrift. Derved opstår et nyt begreb om, hvad der er tilforladeligt, og hvad der ikke er. Det er det skriftbårne, der fortæller mennesket, hvad virkeligheden består i. Overgangen fra mundtlighed til skriftlighed viser, at virkeligheden er historisk foranderlig. Virkeligheden, eller socialiteten, befinder sig ikke umiddelbart mellem mennesker, den er middelbar til stede som synliggjort af skriften. Det fører dog ikke til, at den levende tale uddør, men den får en ny betydning. Der er nu basis for en begyndende skelnen mellem fakta og fiktion, historie og myte. Mennesket må forholde sig til to virkeligheder, det vil sige til to verdener, der bygger på hver sin sandhed. Men hvad er autentisk, når sandheden som objektiv størrelse ikke længere kan tages for givet? Fordi der nu er mere end én virkelighed, kan mennesket begynde at overveje, hvad virkeligheden i virkeligheden er. Det er dét, den diskursive erkendelse gør, når den forsøger at nærme sig en forståelse af realiteten. Udgangspunktet er en subjektiv erkendelse, der også orienterer sig efter kategorierne før og nu og ikke blindt lader sig lede af det lukkede system op og ned.

Betegnelsen *1100-tallets renæssance* indsætter perioden i en historisk kontekst: Den skaber en forbindelse bagud til *den karolinske renæssance*, og den viser frem mod *den italienske renæssance*. Renæssance er ikke udelukkende identisk med middelalderens slutning. 1100-tallets nytænkning slår ikke ned som et lyn fra en klar himmel, men er et led i en proces, der bevæger sig fra antikken og frem gennem historien. 1100-tallet er både en mellemstation og en begyndelse. Perioden viser nok tilbage til antikken, men den går tillige forud for 1500-tallets renæssance (menneskets befrielse), forud for reformationen (den nordvesteuropæiske kristendoms frigørelse fra pavekirken) og forud for de egentlige statsdannelser i Europa. I 1100-tallet bliver mange af de institutioner, der stadig eksisterer, grundlagt. Et blik på forandringerne nu viser, at dét, der bliver grundlagt i middelalderen, muligvis igen er under forandring. Det Forenede Europa tilstræber en harmonisering, som uværgerligt vil udjævne nogle af de nationale forskelle, der bliver fokuseret på og fremhævet fra og med 1100-tallet. Ligeledes står vi i dag ved en grænsesituation, hvor en ny kommunikationsform, den elektroniske, forrykker den status, som skriften får i løbet af middelalderen. Mennesket skal igen forholde sig til nye måder at kommunikere på og til den virkelighed, som følger med den nye kommunikationsform. Det betyder ikke, at skriften mister sin betydning, men at den får ny betydning og nye funktionsområder.

# LITTERATURFORTEGNELSE

PRIMÆRLITTERATUR

Vital, Orderik: *Historiske Beretninger om Normanner og Angelsaxere fra Orderik Vitals kirkehistorie*. Bind 1-3. København, 1889.

SEKUNDÆRLITTERATUR

Auerbach, Erich: »Figura«. I *Scenes from the Drama of European Literature. Six Essays*. New York, 1959. Side 11-76. – Oversat af R. Manheim fra tysk original *Neue Dantestudien*. Istanbul, 1944. Side 11-71.
Augustinus, Aurelius: *Der Lehrer*. Paderborn, 1959. – Oversat af Carl Johan Perl.
Augustinus, Aurelius: »Christian Doctrine.« I *A select Library of the Nicene and Post-Nicene Fathers of the Christian Church* vol. 2. Philip Schaff (ed.). Michigan, 1993. Side 515-597.
Bekker-Nielsen, H. (red.): *Norrøn Fortællekunst. Kapitler af den norsk-islandske middelalderlitteraturs historie*. København, 1965.
Benedict: *The Rule of St. Benedict in Latin and English*. 4. udg. London, 1969. – Translated by Justin McCann
Bernardo, Aldo S.; Levin, Saul (ed.): *The Classics in the Middle Ages*. New York, 1990.
*Bibelen*. 1. udg. 7. opl. Viborg, 1993. – Standardudgave, 1992-oversættelse.
Bloch, R. Howard: *Etymologies and Genealogies. A Literary Anthropology of the French Middle Ages*. Chicago, 1983.
Chaytor, Henry J.: »The Medieval Reader and Textual Criticism«. I: *Bulletin of the John Rylands Library* vol. 26. Manchester, 1941-42. Side 49-56.
Chenu, M. D: *Nature, Man, and Society in the Twelfth Century. Essays on New Theological Perspectives in the Latin West*. Chicago, 1968.

Chibnall, Marjorie: *The Ecclesiastical History of Orderic Vitalis* 6 vols. Oxford, 1968-1980. – Vol. 1, 1980. Vol. 2, 1968. Vol. 3, 1972. Vol. 4, 1973. Vol. 5, 1975. Vol. 6, 1978.
Chibnall, Marjorie: *The World of Orderic Vitalis*. Oxford, 1984.
Clanchy, T. P.: *From Memory to Written Record*. Cambridge Mass., 1979.
Cook, William R.; Herzman, Ronald B.: *The Medieval World View*. Oxford, 1983.
*Dansk litteraturhistorie* Bd. 1. S. Kaspersen m. fl. 2. udg. København, 1990.
*De store tænkere. Aristoteles*. Stigen, A. (red.) 2. udg. København, 1996.
*De store tænkere. Platon*. Hartnack, J. og Sløk, J. (red.) 2. udg. 2. opl. København, 1996.
*Dictionary of the Middle Ages*. Vol. 1 (1982) – vol. 13 (1989). Scribners. New York, 1982-1989.
Ehlers, Joachim: »Historiographische Literatur«. I *Neues Handbuch der Literaturwissenschaft Bd. 7. Europäisches Hochmittelalter*. Wiesbaden, 1981. Side 425-461.
Hanning, Robert W.: *The Vision of History in Early Britain*. New York, 1966.
Haren, Michael: *Medieval Thought. The Western Intellectual Tradition from Antiquity to the 13th Century*. Hong Kong, 1985.
Haskins, C. H.: *The renaissance of the twelfth century*. Cambridge, 1927.
Heer, Friedrich: *Europäische Geistesgeschichte von Augustin bis Luther*. Stuttgart, 1970.
Knowles, D. D (red.): *The Historian and Character and other Essays*. Cambridge, 1963.
*Lexikon des Mittelalters*. Vol. 1 (1980)- vol. 7 (1995). Artemis Verlag. München/Zürich, 1980-. Er under udgivelse.
*Middelalderlige Historieskrivere i udvalg*. Plesner, K. P. (red.) 6. udg. København, 1966.
Moeller, Bernd: *Geschichte des Christentums in Grundzügen*. 5. Auflage. Göttingen, 1992.
Platon: *Staten*. 7. opl. Viborg, 1995.
*Politikens Filosofi Leksikon*. Lubcke, P. (red.) 1. udg. 11. opl. København, 1996.

Ray, Roger D.: »Orderic Vitalis and his Readers«. I *Studia monastica* vol. 14. 1972. Side 15-34.
Ray, Roger D.: »Medieval Historiography Through the Twelfth Century: Problems and Progress of Research«. I *Viator* vol. 5. 1974. Side 31-59.
*Religion/Livsanskuelse.* Stefánsson, F., Sørensen, A. og Matthison-Hansen, E. (red.) 2. udg. 2. opl. Viborg, 1985.
*Saxos Danmarkshistorie.* 1. udgave, 2. oplag. Gads Forlag. København, 2000. – Oversat af Peter Zeeberg.
Simon, Gertrud: »Untersuchungen zur Topik der Widmungsbriefe mittelalterlicher Geschichtsschreiber bis zum Ende des 12. Jahrhunderts«. I *Archiv für Diplomatik* Bd 4, 1958. Side 52-119. Og bind 5/6, 1959/60. Side 73-153.
Snorri Sturlusson: *Edda.* London, 1987. – Translation and introduktion by Anthony Faulkes.
Snorre Sturlason: *Kongesagaer.* Stavanger, 1975. – Oversatt av A. Holtsmark; D. A. Seip.
Southern, R. W: *Ridder og klerk. Middelalderen i støbeskeen.* København, 1962
Spörl, Johannes: *Grundformen hochmittelalterlicher Geschichtsanschauung.* München, 1935.
*Verdens Litteraturhistorie.* Bind 2. Hertel, H. (red.) København, 1994.
Wind, H. C.: *Filosofisk Hermeneutik.* København, 1976.
Wolter, Hans: *Ordericus Vitalis. Ein Beitrag zur kluniazensischen Geschichtsschreibung.* Wiesbaden, 1955.
*Ælnoths Krønike.* Odense, 1984. – Oversat og kommenteret af Erling Albrectsen